Rechte der Christen

Rechte der Christen – für den praktischen Kampf

Jürgen Bellers,
Markus Porsche-Ludwig

Verlag Traugott Bautz GmbH
Nordhausen 2017

Bibliografische Information der Deutschen Nationalbibliothek:
Die Deutsche Nationalbibliothek verzeichnet diese Publikation in der Deutschen Nationalbibliografie; detaillierte bibliografische Daten sind im Internet über ‹http://www.dnb.de› abrufbar.

98734 Nordhausen 2017
ISBN 978-3-95948- 249-3

VORWORT

Zunehmend werden Christen in der säkularen Gesellschaft Deutschlands faktisch diskriminiert, einerseits, weil die Atheisten bewusst provozieren, andererseits, weil Christen ihre Rechte nicht offensiv verteidigen. Gemeinsam sind alle nur dafür, dass man die Muslime angeblich schützen müsse: ein falscher Humanitarismus. Das Buch will Möglichkeiten aufzeigen, wie man sich wehren kann, indem man z.B. gegen Beleidigung und Volksverhetzung kämpft, indem man sich öffentlich und ehrlich sehr empört zeigt, so, wenn Kussparaden in Anwesenheit des Papstes und dergleichen stattfinden. Man kann das ja auch woanders machen. Oder wenn linke Pfarrer nur noch sozialistische Predigten halten – er kann abberufen werden. usw. usf.

Es gibt viele Wege, Christen, werdet hart und kämpferisch wie Jesus im Tempel!!

JB/MPL

INHALT

ARBEITSRECHT DER KIRCHEN

Ermächtigung:
Art. 140 GG, partiell eigenes Arbeitsrecht der Kirchen („Kirchenfreiheit"). (S. Stichwort: *Selbstbestimmungsrecht*).

Formales Recht u.a.:
Arbeitsvertrag nach § 611 BGB = gegenseitiger dauerschuldrechtlicher Vertrag, pflichtiger Austausch von Leistung gegen Vergütung. Keiner kann zu einem Vertrag gezwungen werden (Vertragsautonomie, Art. 2 GG).

Materiales Recht u.a.:
Glaubenstreue der Mitarbeiter; keine Streiks, stattdessen Lohnfestsetzung in paritätisch von Arbeitnehmern und Arbeitgebern zusammengesetzten Ausschüssen. Auch beamtenähnliche Arbeitsverhältnisse, z.B. an kirchlichen Schulen; hier legt der Dienstherr einseitig das Gehalt usw. fest. Hier gelten analog die staatlichen Beamtengesetze. Das staatliche Kündigunsgschutzgesetz gilt – mit Einschränkungen – auch für die Kirchen.

Prüfschema:
Bedingungen für das Zustandekommen eines Dienst/Arbeitsvertrages nach BGB:

- freies Angebot einer Arbeitskraft und freie Nachfrage durch Arbeitnehmer durch eindeutige Willenserklärungen (§§ 145 BGB), entgeltliche Zahlung der Arbeitskraft
- diesbezügliche schriftliche oder mündliche Willensübereinstimmung beider Seiten
- billiges Ermessen des Arbeitgebers, wo konkret der Arbeitgeber tätig sein wird (Direktionsrecht) (§ 315 BGB)
- gemäß §§ 305 BGB: Beachtung des Allgemeinen Gleichbehandlungsgesetzes (AGG), z.B. bzgl. Mann und Frau, und

der Allgemeinen Geschäftsbedingungen (AGB, Schutz vor missbräuchlichen Vertragsklauseln)

- besondere gesetzliche Vorschriften für Auszubildende, Vorrang des Lehr- über den Arbeitsaspekt hier
- Verbot sittenwidriger Arbeitsverträge
- bei rechtlichen Mängeln des Vertrages kann er angefochten werden
- Vertragsabschlussverbot für Kinder und Beschränkungen für Jugendliche (Jugendschutz)
- Abschlussgebot für Schwerbehinderte ggf. oder Ausgleichzahlungen an die Staatskasse, wenn kein Behinderter eingestellt wird
- besondere Loyalitätspflichten gegenüber dem kirchlichen Dienstherrn.

Ergänzungen aus dem kirchenbezogenen Recht für kirchliche Arbeitsverträge:

- Beachtung der religiösen Vorschriften in der gesamten Lebensführung
- keine Streiks, da kein Klassenkampf in der Kirche
- Kündigung bei Verstoß gegen kirchliche Grundsätze analog zu der höheren Loyalitätpflicht des Beamten gegenüber dem Staat
- je stärker Arbeitnehmer im Bereich der Verkündigung tätig sind, desto höher wird die Loyalitätspflicht.

(Staatliche) Rechtsprechung:

„Ein verhaltensbedingter Kündigungsgrund kann sich auch daraus ergeben, dass ein Arbeitnehmer, der in einer Einrichtung der Kirche tätig ist, auf welche die Grundordnung anwendbar ist, aus der Kirche austritt. Art. 5 Abs. 5 Grundordnung regelt nämlich, dass Mitarbeiterinnen und Mitarbeiter, die aus der Kirche austreten, nicht weiterbeschäftigt werden können.

a) Diese kirchengesetzliche Regelung ist auf das Arbeitsverhältnis der Prozessparteien anwendbar.

aa) Bei der Grundordnung handelt es sich um ein allgemeines Kirchengesetz, das in § 2 Abs. 2 seinen Geltungsbereich dahingehend definiert, dass es auch anzuwenden ist im Bereich der sonstigen kirchlichen Rechtsträger und ihrer Einrichtungen, unbeschadet ihrer Rechtsform sowie des Verbandes der Diözesen Deutschlands und des Deutschen Caritasverbandes. Die vorgenannten Rechtsträger sind gehalten, die Grundordnung für ihren Bereich rechtsverbindlich zu übernehmen.

Die Beklagte ist ein Rechtsträger des Bischöflichen Stuhles. Dieser hat die Grundordnung für seinen Bereich zum 01.01.1994 rechtsverbindlich in Kraft gesetzt. Mithin gilt die Grundordnung auch für die Arbeitsverhältnisse, welche die Beklagte eingeht, einschließlich jenes mit der Klägerin.

Unabhängig hiervon ist die Regelung der Grundordnung auch auf Grund der arbeitsvertraglichen Verweisung auf die Geltung allgemeiner Kirchengesetze in § 2 des Dienstvertrages vom 03.12.2001 i.V.m. § 4 Abs. 2 AVR auf das Beschäftigungsverhältnis der Klägerin anwendbar.

bb) Die Anwendung von Art. 5 Abs. 5 Grundordnung verletzt nicht das Grundrecht der Klägerin auf Glaubens-, Gewissens- und Bekenntnisfreiheit (Art. 4 Abs. 1 GG). Mit dem Grundrecht der Klägerin auf Glaubensfreiheit – hierzu gehört auch die Freiheit aus der Kirche auszutreten – tritt im gegebenen Fall die Verfassungsgarantie des kirchlichen Selbstbestimmungsrechtes (Art. 140 GG i.V.m. Art. 137 Abs. 3 WRV) in Widerstreit. Entscheidend bei der daher vorzunehmenden Güterabwägung, in dessen Rahmen sich beide Verfassungsrechte gegenüberstehen, ist nach Überzeugung der Berufungskammer, dass die Klägerin bei der Begründung des Arbeitsverhältnisses sich der Rechtsfolgen bewusst sein musste, die ein Kirchenaustritt nach Art. 5 Abs. 5 Grundordnung nach sich zieht. (...)." [Urteil des Landesarbeitsgerichts Rheinland-Pfalz vom 02.07.2008, 7 Sa 250/08].

Analog ist die kirchliche Rechtsprechung, gegen die man sich ggf. an staatliche Gerichte wenden kann.

BAURECHT FÜR KIRCHENGEBÄUDE

Ermächtigung:
Kirchengemeinschaften unterfallen in ihren Bauanträgen an die Kommunen betreffend des Baues einer Kirche den allgemeinen baurechtlichen Genehmigungen der städtischen Bauämter. Es hängt von der Ausgestaltung des Flächennutzungs- und ggf. des Bebauungsplanes (Wohn- oder Industrie- oder Mischgebiete) ab, ob ein Kirchengebäude genehmigt werden kann und darf. Nur in Konflikt- oder Zweifelsfällen kann sich die Religionsgemeinschaft auf ihre Sonderrechte aus der Glaubens- und Gewissensfreiheit berufen. (Art. 4 GG). (Siehe Stichwort: *Glaubensfreiheit*).

So gibt es den Fall einer Kirche, der in einem Industriegebiet eine Kirche genehmigt wurde, wohl rechtswidrig. Da hat das BVerfG dann entschieden, dass aus Art. 4 GG der Ausbau dieser Kirche um eine Krypta nicht verwehrt werden darf. Dabei wirkt dieses Recht umso mehr, je mehr der Glaubenskern betroffen ist. Das gilt z.B. für Katholische Kindergärten in geringerem Maße, die vor allem der Erziehung dienen, nicht dem Gottesdienst.

Rechtsprechung:
„(1) Der einer Religionsgemeinschaft zukommende Grundrechtsschutz umfasst das Recht zu eigener weltanschaulicher oder religiöser Betätigung, zur Verkündigung des Glaubens sowie zur Pflege und Förderung des Bekenntnisses. Hierzu gehören nicht nur kultische Handlungen, die Beachtung und Ausübung religiöser Gebote und Gebräuche wie Gottesdienst, Sammlung kirchlicher Kollekten, Gebete, Empfang der Sakramente, Prozessionen, Zeigen von Kirchenfahnen und Glockengeläut, sondern auch religiöse Erziehung, Feiern und andere Äußerungen des religiösen und weltanschaulichen Lebens sowie allgemein die Pflege und Förderung des jeweiligen Bekenntnisses [vgl. BVerfGE 19, 129 <132>].

Fällt ein Verhalten danach in den Schutzbereich der Glaubens- und Bekenntnisfreiheit, kommt es insoweit nicht mehr darauf an, welche konkrete Bedeutung ihm nach den Glaubenslehren zukommt. Denn das Recht, sein gesamtes Verhalten an den Lehren seines Glaubens auszurichten und seiner inneren Glaubensüberzeugung gemäß zu handeln, betrifft nicht nur imperative Glaubenssätze, sondern auch solche religiösen Überzeugungen, die ein Verhalten als das zur Bewältigung einer Lebenslage richtige bestimmen. Dies gilt zum einen für Verhaltensweisen, die nicht über den Bereich der innergemeinschaftlichen Pflege und Betätigung des von der Beschwerdeführerin vertretenen Glaubens hinausreichen, ebenso zum anderen – ungeachtet ihres spezifisch-religiös abgeleiteten Verpflichtungsgrades – auch für Betätigungen, die über den Kreis der Gemeinschaftsmitglieder in die Gesellschaft hineinwirken [vgl. BVerfGE 32, 98 <106 f.>; 33, 23 <28>; 41, 29 <49>; 108, 282 <297>; 137, 273 <305 Rn. 88>; 138, 296 <329 Rn. 85>].

(2) Ausgehend hiervon zählen auch die Bestattung kirchlicher Würdenträger nach bestimmten glaubensgeleiteten Riten und die dementsprechende Totensorge zu den geschützten Betätigungen. Entscheidend dafür ist, dass im syrisch-orthodoxen Glauben in der kultischen Handlung der Hauskirchenbestattung von Priestern, hier in der zur Genehmigung gestellten Krypta, der Glaube seinen Ausdruck findet [vgl. BVerfGE 93, 1 <15 f.>]. Der Nomokanon des Bar Hebraeus legt mit der Bezugnahme auf die Kirche, in welcher der verstorbene Geistliche zuletzt gedient hat, nahe, dass eine Bestattung des Würdenträgers in der Hauskirche aus der Glaubenslehre ableitbar ist. Dies bestätigen die von der Beschwerdeführerin vorgelegten sachkundigen Stellungnahmen. Danach entspricht es alter syrisch-orthodoxer Kirchenlehre, dass die Pfarrer der Gemeinde, in der sie bis zum Lebensende tätig waren, auch in Nähe des Altars, an dem sie ihr priesterliches Amt wahrgenommen haben, zur letzten Ruhe gebettet werden. Das findet seinen Grund darin, dass der Pfarrer mit seiner ganzen Persönlichkeit auch über den Tod hinaus an seine Gemeinde gebunden sein soll. Die Bestattung in der Kirche soll zum Ausdruck bringen, dass die Kontinuität und Sukzession im Pfarramt über den Tod hinaus wirkt. Nur die Hauskirchenbestattung soll die wöchentliche Zwiesprache des Geistlichen mit seinen Amtsvorgängern zur Vorbereitung auf die sonntägliche Messe erlauben. Demgemäß soll die kircheneigene Krypta für Diener des Altars in Hörweite zu jenem Altar, an dem sie gedient haben, integraler Bestandteil eines Kirchengebäudes

sein, das der authentischen syro-antiochenischen Überlieferung treu sein will.

bb) Der in der Versagung der Einrichtung einer Krypta liegende Eingriff erweist sich verfassungsrechtlich als nicht gerechtfertigt. Der Verwaltungsgerichtshof hat der Bedeutung der durch Art. 4 Abs. 1 und 2 GG geschützten Glaubens- und Bekenntnisfreiheit bei der Anwendung der einfachrechtlichen Ausnahme- und Befreiungsvorschrift des § 31 BauGB und der Auslegung der darin enthaltenen unbestimmten Rechtsbegriffe nicht hinreichend Rechnung getragen.“ [BVerfG 9.5.16].

Formales Recht:
Kircheninterne Bauordnungen: z.B. die Rechtsverordnung für die kirchliche Bau-, Kunst- und Denkmalpflege der Evangelisch-Lutherischen Landeskirche Hannover [vom 15. Dezember 2006, KABl. 2006, S. 219]:

§ 5 Baubegehungen

(1) Die Kirchengemeinden sind verpflichtet, jährlich einmal eine Begehung ihrer Gebäude und sonstigen baulichen Anlagen durchzuführen. Die jährliche Baubegehung entfällt, wenn in demselben Jahr eine Baubegehung nach Absatz 2 stattfindet.
(2) Alle drei Jahre ist die Baubegehung durch das zuständige Amt für Bau- und Kunstpflege oder eine fachkundige Person vorzunehmen.

§ 6 Begriff der Baumaßnahme

Baumaßnahmen sind der Neubau, die Erweiterung, der Abbruch, die Änderung, die Instandsetzung und die Modernisierung kirchlicher Gebäude sowie die Restaurierung von Ausstattungsgegenständen.

§ 7 Verantwortung der Kirchengemeinden

(1) Die Kirchengemeinden sind als Bauherrinnen für Baumaßnahmen verantwortlich. Sie entscheiden im Rahmen des landeskirchlichen Rechts über die Art und Weise ihrer Durchführung.
(2) Die Betreuung einer Baumaßnahme können die Kirchengemeinden dem zuständigen Amt für Bau- und Kunstpflege, einem Technischen Mitarbeiter oder einer Technischen Mitarbeiterin des

Kirchenkreises oder durch schriftlichen Auftrag einem Architekten oder einer Architektin übertragen.

§ 8 Durchführung von Baumaßnahmen

(1) Baumaßnahmen dürfen nur dann durchgeführt oder fortgesetzt werden, wenn
1. sie dem öffentlichen Baurecht entsprechen,
2. die Finanzierung gesichert ist und
3. bei genehmigungspflichtigen Baumaßnahmen das zuständige Amt für Bau- und Kunstpflege bestätigt, dass gegen die Art und Weise der Durchführung der Baumaßnahme keine baufachlichen oder denkmalpflegerischen Bedenken bestehen und die kirchenaufsichtliche Genehmigung erteilt ist oder gemäß § 11 als erteilt gilt.

(2) Die Bestätigung nach Absatz 1 Nr. 3 gilt als erteilt, wenn sich das zuständige Amt für Bau- und Kunstpflege nicht innerhalb von drei Monaten nach Eingang des Antrages auf Erteilung der Bestätigung zu der Baumaßnahme schriftlich geäußert hat.

(3) Macht das zuständige Amt für Bau- und Kunstpflege baufachliche oder denkmalpflegerische Bedenken geltend, so kann eine Baumaßnahme gleichwohl aus übergeordneten kirchlichen Interessen genehmigt werden.

BEICHTGEHEIMNIS

Ermächtigung:
STRAFPROZESSORDNUNG
§ 53 Zeugnisverweigerungsrecht der Berufsgeheimnisträger
(1) Zur Verweigerung des Zeugnisses sind ferner berechtigt
1. Geistliche [Herv. d. Verf.] über das, was ihnen in ihrer Eigenschaft als Seelsorger anvertraut worden oder bekanntgeworden ist;
2. Verteidiger des Beschuldigten über das, was ihnen in dieser Eigenschaft anvertraut worden oder bekanntgeworden ist;
3. Rechtsanwälte und sonstige Mitglieder einer Rechtsanwaltskammer, Patentanwälte, Notare, Wirtschaftsprüfer, vereidigte Buchprüfer, Steuerberater und Steuerbevollmächtigte, Ärzte, Zahnärzte, Psychologische Psychotherapeuten, Kinder- und Jugendlichenpsychotherapeuten, Apotheker und Hebammen über das, was ihnen in dieser Eigenschaft anvertraut worden oder bekanntgeworden ist; für Syndikusrechtsanwälte (§ 46 Absatz 2 der Bundesrechtsanwaltsordnung) und Syndikuspatentanwälte (§ 41a Absatz 2 der Patentanwaltsordnung) gilt dies vorbehaltlich des § 53a nicht hinsichtlich dessen, was ihnen in dieser Eigenschaft anvertraut worden oder bekanntgeworden ist; (...).

ZIVILPROZESSORDNUNG
§ 383 Zeugnisverweigerung aus persönlichen Gründen
(1) Zur Verweigerung des Zeugnisses sind berechtigt:
1. der Verlobte einer Partei oder derjenige, mit dem die Partei ein Versprechen eingegangen ist, eine Lebenspartnerschaft zu begründen;
2. der Ehegatte einer Partei, auch wenn die Ehe nicht mehr besteht;
2a. der Lebenspartner einer Partei, auch wenn die Lebenspartnerschaft nicht mehr besteht;

3. diejenigen, die mit einer Partei in gerader Linie verwandt oder verschwägert, in der Seitenlinie bis zum dritten Grad verwandt oder bis zum zweiten Grad verschwägert sind oder waren;
4. Geistliche [Herv. d. Verf.] in Ansehung desjenigen, was ihnen bei der Ausübung der Seelsorge anvertraut ist;
5. Personen, die bei der Vorbereitung, Herstellung oder Verbreitung von periodischen Druckwerken oder Rundfunksendungen berufsmäßig mitwirken oder mitgewirkt haben, über die Person des Verfassers, Einsenders oder Gewährsmanns von Beiträgen und Unterlagen sowie über die ihnen im Hinblick auf ihre Tätigkeit gemachten Mitteilungen, soweit es sich um Beiträge, Unterlagen und Mitteilungen für den redaktionellen Teil handelt; (...).

BEKENNTNISSCHULEN
(Ersatz/Privatschulen) der Religionsgemeinschaften

Ermächtigung:
Art. 7 GG
(...)

(4) Das Recht zur Errichtung von privaten Schulen wird gewährleistet. Private Schulen als Ersatz für öffentliche Schulen bedürfen der Genehmigung des Staates und unterstehen den Landesgesetzen. Die Genehmigung ist zu erteilen, wenn die privaten Schulen in ihren Lehrzielen und Einrichtungen sowie in der wissenschaftlichen Ausbildung ihrer Lehrkräfte nicht hinter den öffentlichen Schulen zurückstehen und eine Sonderung der Schüler nach den Besitzverhältnissen der Eltern nicht gefördert wird. Die Genehmigung ist zu versagen, wenn die wirtschaftliche und rechtliche Stellung der Lehrkräfte nicht genügend gesichert ist.

(5) Eine private Volksschule ist nur zuzulassen, wenn die Unterrichtsverwaltung ein besonderes pädagogisches Interesse anerkennt oder, auf Antrag von Erziehungsberechtigten, wenn sie als Gemeinschaftsschule, als Bekenntnis- oder Weltanschauungsschule errichtet werden soll und eine öffentliche Volksschule dieser Art in der Gemeinde nicht besteht. (...)

„Es besteht ein Recht darauf, Bekenntnisschulen einzurichten (inkl. eines Anspruchs auf staatliche Finanzierung nach einer Probezeit), wenn folgende Bedingungen des Gesetzes erfüllt sind:

(1) Ersatzschulen bedürfen der Genehmigung der oberen Schulaufsichtsbehörde. Sie wird erteilt, wenn die Schule in ihren Lehrzielen und Einrichtungen sowie in der wissenschaftlichen Ausbildung ihrer Lehrkräfte nicht hinter den öffentlichen Schulen zurücksteht und wenn eine Sonderung der Schülerinnen und Schüler nach den Besitzverhältnissen der Eltern nicht gefördert wird.

(2) Eine Schule in freier Trägerschaft kann bis zur Feststellung der Gleichwertigkeit vorläufig, längstens vier Jahre nach Errichtung, als Ersatzschule erlaubt werden. Die von solchen Schulen ausgestellten Zeugnisse werden beim Übergang auf andere Schulen anerkannt.

(3) Ersatzschulen sind berechtigt, den öffentlichen Schulen gleichwertige Lehr- und Erziehungsmethoden zu entwickeln und sich eine besondere pädagogische, religiöse oder weltanschauliche Prägung zu geben.
(4) Eine private Volksschule ist nur zuzulassen, wenn die Unterrichtsverwaltung ein besonderes pädagogisches Interesse anerkennt oder, auf Antrag von Erziehungsberechtigten, wenn sie als Gemeinschaftsschule, als Bekenntnis- oder Weltanschauungsschule errichtet werden soll und eine öffentliche Volksschule dieser Art in der Gemeinde nicht besteht (Artikel 7 Abs. 5 GG).
(5) Eine Ersatzschule darf nur errichten, betreiben oder leiten, wer die Gewähr dafür bietet, dass sie oder er nicht gegen die verfassungsmäßige Ordnung verstößt und die persönliche Zuverlässigkeit besitzt. Errichtung und Betrieb einer Ersatzschule erfordern darüber hinaus die wirtschaftliche Zuverlässigkeit des Trägers; bei Personenvereinigungen und juristischen Personen gilt dies entsprechend für die vertretungsberechtigten Personen.
(6) Die Genehmigung ist aufzuheben, wenn die Voraussetzungen für die Genehmigung im Zeitpunkt der Erteilung nicht vorlagen oder später weggefallen sind und dem Mangel trotz Aufforderung der oberen Schulaufsichtsbehörde innerhalb einer bestimmten Frist nicht abgeholfen worden ist.
(7) Die Genehmigung oder die vorläufige Erlaubnis erlischt, wenn die Schule nicht innerhalb eines Jahres seit der Zustellung des Genehmigungsbescheides in Betrieb genommen wird oder wenn der Schulbetrieb länger als ein Jahr geruht hat.“ (§ 101 Schulgesetz NRW).

Eine Bedürfnisprüfung findet nicht statt, so dass das Argument, eine staatliche Schule sei ja nah vorhanden, nicht sticht. Allerdings muss eine Mindestzahl an Lehrern und Schülern gegeben sein, so dass ein mehrklassiger Unterricht in mehreren Jahrgängen möglich ist, an Grundschulen z.B. 1 Klasse (z.B. mit 5 Schülern) in 4 Jahrgängen, d.h. mindestens 20 Schüler und 4 Lehrer oder mehr. Die Dauer der Schule muss gewährleistet sein (so die Richtlinien des Hessischen Kultusministeriums).

Rechtsprechung:
„Auch im Hinblick auf den Vergleich zu öffentlichen Schulen zeigt die Beschwerde nicht auf, inwiefern die Annahme des Verwaltungsgerichtshofs, die gesetzliche Ersatzschulförderung gemäß §§ 17 f. PSchG führe nicht zu einer gleichheitswidrigen Benachteiligung gegenüber öffentlichen Schulen, eine bislang höchstrichterlich ungeklärte Rechtsfrage im Hinblick auf Art. 3 Abs. 1 GG aufwerfen könnte, deren Klärung im Revisionsverfahren zu erwarten ist. Die Beschwerde wendet sich lediglich dagegen, dass der Verwaltungsgerichtshof – auf Grundlage höchstrichterlich bereits entfalteter Maßgaben – einen Verstoß gegen diese Norm verneint hat. Unabhängig hiervon ist zu gegenwärtigen, dass Art. 7 Abs. 4 GG den Staat zwar dazu verpflichtet, durch Einsatz staatlicher Finanzförderung das Existenzminimum der Institution Ersatzschule sicherzustellen [Urteil vom 21. Dezember 2011 a.a.O. Rn. 21], ihm jedoch mitnichten aufgibt, Ersatzschulen finanzielle Mittel in der Höhe zuzuwenden, die er für öffentliche Schulen aufwendet. Die hierin markierten, prinzipiellen Grenzen der staatlichen Förderpflicht würden offenkundig unterlaufen werden können, dürfte dem Staat durch Ersatzschulträger – gestützt auf Art. 3 Abs. 1 GG – vorgehalten werden, die von ihm gewährte Förderung sei nicht hinreichend, um in Bezug auf einzelne Kostenpositionen – wie etwa die von der Beschwerde herausgegriffenen Lehrergehälter – ein dem öffentlichen Schulwesen betragsmäßig entsprechendes Finanzierungsniveau zu gewährleisten. Von daher kann es von vornherein nicht darauf ankommen, inwiefern das Gehalt von ‚Waldorflehrern' tatsächlich hinter demjenigen von Lehrern öffentlicher Schulen zurückbleibt, inwiefern sich in der tatsächlichen Gehaltshöhe bei ‚Waldorflehrern' die Länge ihrer Ausbildung reflektiert und ob – wie die Beschwerde meint [Beschwerdebegründung S. 22] – in diesem Zusammenhang die Feststellungen im angefochtenen Urteil verfahrensfehlerhaft zustande gekommen sind." [BVerwG 6 B 32.13].

DEMONSTRATIONEN

Ermächtigung:

Art. 8 GG:

„(1) Alle Deutschen haben das Recht, sich ohne Anmeldung oder Erlaubnis friedlich und ohne Waffen zu versammeln.

(2) Für Versammlungen unter freiem Himmel kann dieses Recht durch Gesetz oder auf Grund eines Gesetzes beschränkt werden."

D.h., Demonstrationen sind natürlich erlaubt, man muss sie zuvor nur beim Ordnungsamt anmelden. Nur, wenn die konkrete Gefahr von Gewalt bei einer Demonstration besteht oder diese von einer verfassungsfeindlichen Organisation betrieben wird, kann sie verboten werden.

Selbst sog. Sitzblockaden sind unter Umständen erlaubt, d.h. die Sperrung eines Weges z.B., so dass andere ihn nicht mehr passieren können. Sitzblockaden werden meist nicht mehr als Nötigung bestraft, weil das BVerfG damit den Nötigungsbegriff als zu unbestimmt und weit ausgedehnt betrachtet.

DISKRIMINIERUNGSVERBOT NACH EU-RECHT

Ermächtigung:
Insbesondere hinsichtlich der 4 Freiheiten: Freiheit des (grenzüberschreitenden) Kapital-, Diensteistungs- und Warenverkehrs und der Arbeitskräftewanderung. Alle EU-Bürger dürfen nicht schlechter als die Bürger des Mitgliedstaates behandelt werden, wo die EU-Bürger aus anderen Staaten leben oder handeln. (Gleichbehandlungsgebot).

VERTRAG ÜBER DIE ARBEITSWEISE DER EU
Art. 10
„Bei der Festlegung und Durchführung ihrer Politik und ihrer Maßnahmen zielt die Union darauf ab, Diskriminierungen aus Gründen des Geschlechts, der Rasse, der ethnischen Herkunft, der Religion oder der Weltanschauung, einer Behinderung, des Alters oder der sexuellen Ausrichtung zu bekämpfen."

Das kann aber nicht dazu führen, dass z.B. das Verbot weiblicher Pfarrer nach katholischem Kirchenrecht infrage gestellt wird. Das schließt **Art. 17** aus:

„(1) Die Union achtet den Status, den Kirchen und religiöse Vereinigungen oder Gemeinschaften in den Mitgliedstaaten nach deren Rechtsvorschriften genießen, und beeinträchtigt ihn nicht.
(2) Die Union achtet in gleicher Weise den Status, den weltanschauliche Gemeinschaften nach den einzelstaatlichen Rechtsvorschriften genießen.
(3) Die Union pflegt mit diesen Kirchen und Gemeinschaften in Anerkennung ihrer Identität und ihres besonderen Beitrags einen offenen, transparenten und regelmäßigen Dialog."

Materiales Recht:
Ebenso normiert die Beschäftigungsrichtlinie der EU [2000/78EG], dass Kirchen ihre Arbeitnehmer auf religiöser Grundlage einstellen dürfen.

EHE

Ermächtigung:
Die Ehe ist als christlich geprägtes Rechtsinstitut in der deutschen Verfassung, Art. 6 GG, festgeschrieben und geschützt. Das GG garantiert in besonderer Weise die Ehe von Mann und Frau inkl. der evt. Familie, die daraus hervorgeht:

Art. 6 GG

„(1) Ehe und Familie stehen unter dem besonderen Schutze der staatlichen Ordnung.

(2) Pflege und Erziehung der Kinder sind das natürliche Recht der Eltern und die zuvörderst ihnen obliegende Pflicht. Über ihre Betätigung wacht die staatliche Gemeinschaft.

(3) Gegen den Willen der Erziehungsberechtigten dürfen Kinder nur auf Grund eines Gesetzes von der Familie getrennt werden, wenn die Erziehungsberechtigten versagen oder wenn die Kinder aus anderen Gründen zu verwahrlosen drohen.

(4) Jede Mutter hat Anspruch auf den Schutz und die Fürsorge der Gemeinschaft.

(5) Den unehelichen Kindern sind durch die Gesetzgebung die gleichen Bedingungen für ihre leibliche und seelische Entwicklung und ihre Stellung in der Gesellschaft zu schaffen wie den ehelichen Kindern."

Im Kontext der Gesetzgebung der rot-grünen Koalition zur Regelung gleichgeschlechtlicher Beziehungen („Homoehe") gab es intensive Diskussionen, inwieweit diese Home"ehe" (Partnerschaft) eine Ehe ist und damit mit der Privilegierung der männlich-weiblichen Ehe vereinbar ist. Das BVerfG hält beides für vereinbar:

„Die Einführung des Rechtsinstituts der eingetragenen Lebenspartnerschaft für gleichgeschlechtliche Paare verletzt Art. 6 Abs. 1 GG nicht. Der besondere Schutz der Ehe in Art. 6 Abs. 1 GG hindert den Gesetzgeber nicht, für die gleichgeschlechtliche Lebenspartnerschaft Rechte und Pflichten vorzusehen, die denen der Ehe gleich oder nahe kommen. Dem Institut der Ehe drohen keine Einbußen durch ein Institut, das sich an Personen wendet, die miteinander keine Ehe eingehen können.

Es verstößt nicht gegen Art. 3 Abs. 1 GG, dass nichtehelichen Lebensgemeinschaften verschiedengeschlechtlicher Personen und verwandtschaftlichen Einstandsgemeinschaften der Zugang zur Rechtsform der eingetragenen Lebenspartnerschaft verwehrt ist." [BVerfGE 105, 313-365].

Das BVerfG sagt: „Das Grundgesetz selbst enthält keine Definition der Ehe, sondern setzt sie als besondere Form menschlichen Zusammenlebens voraus. Die Verwirklichung des verfassungsrechtlichen Schutzes bedarf insoweit einer rechtlichen Regelung, die ausgestaltet und abgrenzt, welche Lebensgemeinschaft als Ehe den Schutz der Verfassung genießt. Der Gesetzgeber hat dabei einen erheblichen Gestaltungsspielraum, Form und Inhalt der Ehe zu bestimmen [vgl. BVerfGE 31, 58 <70>; 36, 146 <162>; 81, 1 <6 f.>]. Das Grundgesetz gewährleistet das Institut der Ehe nicht abstrakt, sondern in der Ausgestaltung, wie sie den jeweils herrschenden, in der gesetzlichen Regelung maßgebend zum Ausdruck gelangten Anschauungen entspricht [vgl. BVerfGE 31, 58 <82 f.>]. Allerdings muss der Gesetzgeber bei der Ausformung der Ehe die wesentlichen Strukturprinzipien beachten, die sich aus der Anknüpfung des Art. 6 Abs. 1 GG an die vorgefundene Lebensform in Verbindung mit dem Freiheitscharakter des verbürgten Grundrechts und anderen Verfassungsnormen ergeben [vgl. BVerfGE 31, 58 <69>]. Zum Gehalt der Ehe, wie er sich ungeachtet des gesellschaftlichen Wandels und der damit einhergehenden Änderungen ihrer rechtlichen Gestaltung bewahrt und durch das Grundgesetz seine Prägung bekommen hat, gehört, dass sie die Vereinigung eines Mannes mit einer Frau zu einer auf Dauer angelegten Lebensgemeinschaft ist, begründet auf freiem Entschluss unter Mitwirkung des Staates [vgl. BVerfGE 10, 59 <66>; 29, 166 <176>; 62, 323 <330>], in der Mann und Frau in gleichberechtigter Partnerschaft zueinander stehen [vgl. BVerfGE 37, 217 <249 ff.>; 103, 89 <101>] und über die Ausgestaltung ihres Zusammenlebens frei entscheiden können [vgl. BVerfGE 39, 169 <183>; 48, 327 <338>; 66, 84 <94>]." [BVerfG 17. Juli 2002 – 1 BvF 1/01].

GEWISSEN

Ermächtigung:
II. DIE GEWISSENSBILDUNG
[aus dem Katechismus der Katholischen Kirche von 1983]
„**1783** Das Gewissen muß geformt und das sittliche Urteil erhellt werden. Ein gut gebildetes Gewissen urteilt richtig und wahrhaftig. Es folgt bei seinen Urteilen der Vernunft und richtet sich nach dem wahren Gut, das durch die Weisheit des Schöpfers gewollt ist. Für uns Menschen, die schlechten Einflüssen unterworfen und stets versucht sind, dem eigenen Urteil den Vorzug zu geben und die Lehren der kirchlichen Autorität zurückzuweisen, ist die Gewissenserziehung unerläßlich.
1784 Die Erziehung des Gewissens ist eine lebenslange Aufgabe. Schon in den ersten Jahren leitet sie das Kind dazu an, das durch das Gewissen wahrgenommene innere Gesetz zu erkennen und zu erfüllen. Eine umsichtige Erziehung regt zu tugendhaftem Verhalten an. Sie bewahrt oder befreit vor Furcht, Selbstsucht und Stolz, falschen Schuldgefühlen und Regungen der Selbstgefälligkeit, die durch menschliche Schwäche und Fehlerhaftigkeit entstehen können. Gewissenserziehung gewährleistet die Freiheit und führt zum Frieden des Herzens.
1785 Bei der Gewissensbildung ist das Wort Gottes Licht auf unserem Weg. Wir müssen es uns im Glauben und Gebet zu eigen machen und in die Tat umsetzen. Auch sollen wir unser Gewissen im Blick auf das Kreuz des Herrn prüfen. Wir werden dabei durch die Gaben des Heiligen Geistes und das Zeugnis und die Ratschläge anderer unterstützt und durch die Lehre der kirchlichen Autorität geleitet [Vgl. DH 14].“

Selbst die Katholische Kirche, erst recht der Protestantismus sehen im individuellen, von Gott inspirierten Gewissen des Menschen die letzte Instanz der Entscheidung für Not- und Ausnahmefälle. Im Alltag sollten wir uns natürlich nicht immer auf das Gewissen berufen, wenn uns irgendetwas nicht passt. Denn das Gewissen darf nicht willkürlich handeln, sondern muss vernünftig und von der Lehre Christi und der Kirchen geleitet sein. Aber deren Gesetze können nicht alles regeln, so dass dann im Einzelfall entschieden werden muss, z.B.: Soll man den Tyrannen ermorden? Die katholische Kirche hat den Tyrannenmord immer gerechtfertigt. Die Protestanten waren sehr von Paulus‘ Wort beeinflusst, dass man der Obrigkeit folgen muss. „Jedermann sei untertan der Obrigkeit, die Gewalt über ihn hat. Denn es ist keine Obrigkeit ohne von Gott; wo aber Obrigkeit ist, die ist von Gott verordnet." [Röm. 13]. Ggf. ist auch Widerstand in der Kirche erlaubt, z.B. wenn ein Pfarrer sein Amt zur linken Agitation missbraucht und die Kirchengerichte nicht funktionieren.

GLAUBENS-, GEWISSENS- UND WELTANSCHAUUNGSFREIHEIT

Ermächtigung:

Art. 4 GG

(1) Die Freiheit des Glaubens, des Gewissens und die Freiheit des religiösen und weltanschaulichen Bekenntnisses sind unverletzlich.

(2) Die ungestörte Religionsausübung wird gewährleistet.

(3) Niemand darf gegen sein Gewissen zum Kriegsdienst mit der Waffe gezwungen werden. Das Nähere regelt ein Bundesgesetz.

Prüfschema:

- Schutzbereich
  - Persönlich
    - Recht für alle Menschen (nicht nur für Deutsche), in Deutschland: ab dem 14. Lebensjahr, ab dem man ohne Eltern über die Religionszugehörigkeit/Überzeugung/ Weltanschauung u.a. bestimmen kann (Religionsmündigkeit), Recht der inneren Gewissensbildung.
    - Institutioneller Schutz auch für die kollektive Organisation der Glaubens- u.a. -Überzeugungen, Recht der äußeren Gewissensbildung, Grundrecht auf Rechtsfähigkeit der Kirche(ngemeinden), das gilt aber nicht für Kapital- und Handelsgesellschaften, da hier die wirtschaftlichen Ziele dominant sind.
  - Sachlich
    - Art. 4 I und II GG schützen die Weltanschauungs- und Glaubensfreiheit: Man darf glauben, was man will, selbst antidemokratisch, es sei denn, man ist Beamter oder will sein antidemokratisches Denken über Parteien erfolgreich umsetzen. Straftaten sind natürlich immer verboten. Man darf religiös (= positive Freiheit) oder antireligiös sich äußern und so handeln oder gar nichts sagen (letzteres = negative Freiheit, kein Bekenntniszwang). Geschützt ist nur das, was eine (geistig und geistlich begründete und systematisierte)

Religion gebieterisch vorschreibt, nicht irgendwie eine angeblich religiöse Äußerung, deren Religiosität nur der Äußernde unglaubwürdig behauptet. Diese Behauptung ist allerdings ggf. über Art. 5 GG (Meinungsfreiheit) im Rahmen der allgemeinen Gesetze geschützt.

- Art. 4 III GG: Schutz der (inneren) Gewissensfreiheit, z.B. bei der Wehrdienstverweigerung.

— Eingriff

- Der o.g. Schutzbereich ist tangiert, wenn der Staat in meine positive oder negative Glaubensfreiheit eingreift, z.B. bestimmte religiöse Praktiken verbietet.
- Rechtfertigung ggf. von staatlichen Eingriffen.
  - Schranke
    - Art. 4 I und II GG wird ohne Vorbehalte und Einschränkungen gewährt.
    - Nur andere Grundrechte (z.B. Selbstbestimmung nach Art. 2 GG) sind evt. Schranken, die aber lediglich über ein allgemeines, vom Parlament beschlossenes Gesetz wirken können.
    - Schranken-Schranke.
      Art. 4 GG kann aber nur dann eingeschränkt werden, wenn dies angemessen und verhältnismäßig ist. Dabei ist schonend mit Art. 4 GG und anderen, involvierten Grundrechten umzugehen, so dass keines je gänzlich zurücktreten müsste. Kein Grundrecht darf je die vollste Entfaltung in dieser praktischen Konkordanz erfahren, kein Grundrecht ist hier absolut. Art. 4 GG muss immer zumindest partiell berücksichtigt werden.

Rechtsprechung:

„**18** Art. 4 Abs. 1 und 2 GG enthält ein Grundrecht der Glaubensfreiheit, das umfassend zu verstehen ist [BVerfG, Urteil vom 1. Dezember 2009 – 1 BvR 2857, 2858/07 – BVerfGE 125, 39 <79>]. Dieses Grundrecht bezieht sich nicht nur auf die innere Freiheit, zu glauben oder nicht zu glauben, sondern auch auf die äußere Freiheit, den Glauben zu bekunden und zu verbreiten [BVerfG, Urteil vom 24. September 2003 – BvR 1436/02 – BVerfGE 108, 282 <297>]. Das von der Glaubensfreiheit umfasste Recht der Religionsausübung ist extensiv auszulegen und erstreckt sich auf kultische Handlungen, die ein Glauben vorschreibt oder in denen er Ausdruck findet, wie z.B. Gebete [BVerfG, Beschluss vom 16. Mai 1995 – 1 BvR 1087/91 – BVerfGE 93, 1 <15 f.>]. Zwar kann nicht jedes Verhalten einer Person nach deren subjektiver Bestimmung als Ausdruck einer besonders geschützten Glaubensfreiheit angesehen werden. Beansprucht der Einzelne ein Verhalten als Ausdruck seiner Glaubensfreiheit für sich, darf vielmehr bei der Würdigung das Selbstverständnis der jeweiligen Religionsgemeinschaft nicht außer Betracht bleiben. Es kommt darauf an, ob sich das Verhalten nach Gehalt und Erscheinung als Glaubensregel der jeweiligen Religionsgemeinschaft dem Schutzbereich des Art. 4 Abs. 1 und 2 GG hinreichend plausibel zuordnen lässt [BVerfG, Urteil vom 24. September 2003 – BvR 1436/02 – BVerfGE 108, 282 <298 f.>].

19 Daran gemessen unterfällt die streitige Verrichtung des Schul-Gebets (außerhalb des Unterrichts) durch den Kläger dem Schutzbereich von Art 4 Abs. 1 und 2 GG. Nach den Feststellungen des Oberverwaltungsgerichts geht es dem Kläger um das rituelle Pflichtgebet („as-salat"), das nach den Regeln des islamischen Glaubens fünfmal täglich zu festgelegten Zeiten zu verrichten ist. Dieses Pflichtgebet zeichnet sich dadurch aus, dass der Betende auf einem rituell sauberen Platz mit dem Gesicht gen Mekka in einer vorgegebenen Abfolge von Körperhaltungen bestimmte Gebetstexte deklamiert. Ein solches Pflichtgebet ist unter anderem zur Mittagszeit zu verrichten. Der Kläger möchte diese rituelle Handlung in der Schule außerhalb der Unterrichtszeit vornehmen, wenn die Zeitspanne, die für das Gebet vorgeschrieben ist, in die Zeit des Schulbesuchs fällt. Nach den bindenden Feststellungen des Oberverwaltungsgerichts lässt sich ein Gebot, das rituelle Pflichtgebet zu den dafür festgesetzten Zeiten zu verrichten, als islamisch-religiös begründete Glaubensregel dem Schutzbereich der Glaubensfreiheit hinreichend plausibel zuordnen. In dem angefochtenen Urteil wird festgestellt, dass der Kläger die Einhaltung dieser Glaubensregel als für sich verbindlich ansieht. Deshalb vermag er sich grundsätzlich auf den Schutz der Glaubensfreiheit zu berufen.

20 Der Schutzbereich des Art. 4 Abs. 1 und 2 GG umfasst hier auch die freie Wahl des Ortes, an dem der Kläger das Gebet verrichten möchte.

21 Um sein rituelles Gebet zu verrichten, benötigt der Kläger Raum, konkret einen Bereich des Schulflurs, dessen Nutzung nicht seinem Bestimmungsrecht, sondern dem Bestimmungsrecht der Schulverwaltung unterliegt und der als Verkehrsfläche, nämlich als Zugang zu Klassenräumen, Fachräumen, Lehrerzimmern, Toiletten und Ausgängen zur Verfügung gestellt ist.“ [BVerwG 6 C 20.10].

HEILIGER STUHL

Ermächtigung im Völkerrecht:
Der Heilige Stuhl (Vatikan) ist ein nicht staatliches Völkerrechtssubjekt, das Träger von Rechten und Pflichten im internationalen Rechtsverkehr wie die Staaten ist. Er kann völkerrechtliche Verträge abschließen, Mitglied von internationalen Organisationen sein oder Botschaften entsenden und empfangen. Usw. Grundlage der Ermächtigung ist der Lateranvertrag vom 11.2.1929:

„**Artikel 1.** Italien anerkennt und bestätigt aufs Neue den in Artikel 1 der Verfassung des Königreiches vom 4. März 1848 niedergelegten Grundsatz, wonach die katholische, apostolische und römische Religion die einzige Staatsreligion ist.

Artikel 2. Italien anerkennt die Souveränität des Heiligen Stuhles auf internationalem Gebiet als eine gemäß seiner Überlieferung und den Erfordernissen seiner Aufgabe in der Welt zu seinem Wesen gehörende Eigenschaft an.

Artikel 3.

(I) Italien anerkennt das volle Eigentum sowie die ausschließliche, unumschränkte souveräne Gewalt und Jurisdiktion des Heiligen Stuhles über den Vatikan, wie er gegenwärtig besteht, mit all seinem Zubehör und seinen Dotationen. Hierdurch wird zu den besonderen Zwecken und unter den im vorliegenden Vertrag genannten Bedingungen die Vatikanstadt geschaffen. Die Grenzen der genannten Stadt sind auf dem Plan angegeben, der als Anlage I zu dem vorliegenden Vertrag einen integrierenden Bestandteil desselben bildet.

(II) Im Übrigen herrscht Einverständnis darüber, dass der Petersplatz, obwohl er zur Vatikanstadt gehört, auch in Zukunft in der Regel der Öffentlichkeit zugänglich bleibt und der Polizeigewalt der italienischen Behörden untersteht. Ihre Organe haben am Fuße der Treppe zur Basilika haltzumachen, obwohl diese nach wie vor für den öffentlichen Gottesdienst bestimmt bleibt, und sich des Besteigens der Treppe sowie des Betretens der Basilika zu enthalten, es sei denn, dass die zuständige Behörde um ihr Eingreifen ersucht.

(III) Hält der Heilige Stuhl es für angebracht, den Petersplatz für besondere Feierlichkeiten vorübergehend für den öffentlichen Verkehr zu sperren, so werden die italienischen Behörden sich hinter die äußeren Linien der Berninischen Kolonnaden und ihrer Verlängerung zurückziehen, falls sie nicht von der zuständigen Behörde zum Bleiben aufgefordert werden.

Artikel 4. Die ausschließliche Souveränität und Jurisdiktion des Heiligen Stuhles über die Vatikanstadt, die Italien anerkennt, bedingt, dass daselbst keine Einmischung der italienischen Regierung stattfinden kann, und dass es in ihr keine andere Autorität gibt als die des Heiligen Stuhles.

Artikel 5.

(I) Zur Ausführung der Bestimmungen des vorstehenden Artikels hat die Italienische Regierung zu veranlassen, dass das Gebiet der Vatikanstadt vor Inkrafttreten dieses Vertrages von jeder Beschränkung befreit und von etwaigen Besetzern geräumt wird. Der Heilige Stuhl wird für die Schließung der Zugänge durch Einfriedung der offenen Teile, mit Ausnahme des Petersplatzes, Sorge tragen.

(II) Im Übrigen ist vereinbart, dass in Fragen der dort belegenen Immobilien, die religiösen Institute oder Anstalten gehören, der Italienische Staat sich nicht einmischt, und dass der Heilige Stuhl seine Rechtsverhältnisse zu ihnen unmittelbar regelt.

Artikel 6.

(I) Italien wird durch geeignete Abmachungen mit den beteiligten Stellen dafür sorgen, dass die Vatikanstadt eine angemessene, in ihrem Eigentum stehende Wasserversorgung erhält.

(II) Ferner wird es für den Anschluss an die Staatseisenbahnen durch Anlage eines Bahnhofs in der Vatikanstadt an der in dem beiliegenden Plan (Anlage I) angegebenen Stelle und durch Beförderung der dem Vatikan gehörenden Eisenbahnwagen auf dem italienischen Bahnnetz sorgen.

(III) Ebenso wird es für die telegrafische, telefonische, radiotelegrafische, radiotelefonische und postalische Verbindung der Vatikanstadt auch unmittelbar mit anderen Staaten sorgen.
(IV) Schließlich wird es für die Verbindung der anderen öffentlichen Verkehrsmittel sorgen.
(V) Alles Vorstehende wird innerhalb eines Jahres nach Inkrafttreten des vorliegenden Vertrages auf Kosten des Italienischen Staates ausgeführt.
(VI) Der Heilige Stuhl wird auf eigene Kosten für die Instandsetzung der bereits bestehenden wie der noch zu eröffnenden Zugänge zum Vatikan sorgen.
(VII) Über den Verkehr der Land- und Luftfahrzeuge der Vatikanstadt auf italienischem Gebiet werden zwischen dem Heiligen Stuhl und dem Italienischen Staat Vereinbarungen getroffen werden.

Artikel 7.

(I) Die italienische Regierung verpflichtet sich, auf dem Gebiet in der Umgebung der Vatikanstadt keine Neubauten zu gestatten, die einen Einblick in diese erlauben könnten, und sorgt zu diesem Zwecke für den teilweisen Abbruch der bereits bestehenden Bauten, die sich von der *Porta Cavalleggeri* längs der *Via Aurelia* und dem *Viale Vaticano* hinziehen.
(II) Im Einklang mit den Bestimmungen des internationalen Rechts ist Flugzeugen jeder Art das Überfliegen des vatikanischen Gebiets verboten. (...).“

HIERARCHIE IN DEN KIRCHEN
—graphische Darstellung

DER EVANGELISCHEN KIRCHE IN DEUTSCHLAND (EKD)

Basis

Ermächtigung:
LAIE = der freie Christenmensch nach Luther, der nur Gott untertan ist und in weltlichen Dingen dem Staat;
allgemeines Priestertum aller Laien, Pfarrer haben keine Sonderstellung mehr

die Laien bilden eine *Gemeinde* und bestimmen ihre(n) Pfarrer/in

demokratische Wahlen

Landeskirchen

demokratische Wahlen

Evangelische Kirche in Deutschland (EKD) als Gemeinschaft von 20 lutherischen, reformierten und unierten Landeskirchen

Evangelische Kirche Berlin-Brandenburg, hier nur als Beispiel, ansonsten große Organisationsvielfalt unter den Protestanten.

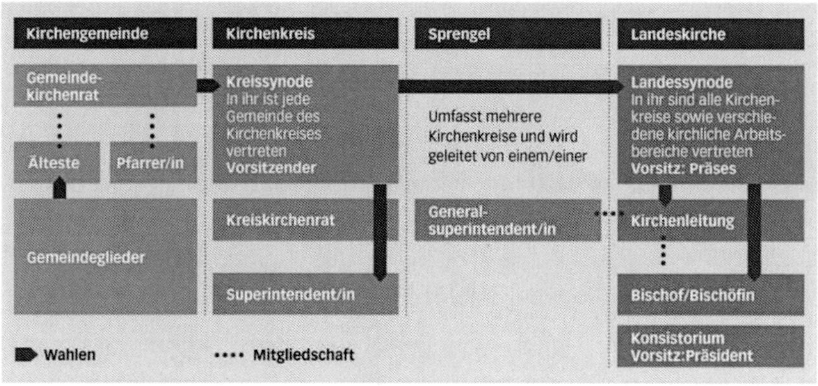

Landeskirche: Die Landeskirche hat eine demokratische Stuktur. Die Gemeindemitglieder bestimmen in Wahlen ihre Vertreter im Gemeindekirchenrat, der über die Ausrichtung der Gemeindearbeit bestimmt. Die Landessynode wählt den Bischof.
[www.ekbo.de]

Das von allen Gemeindemitgliedern gewählte Presbyterium verwaltet die Gemeinde und beschließt allgemeinere Regeln.

Pfarrer = Seelsorger und Leiter/Repräsentant einer Gemeinde. Er wird meist von der Kirchengemeindeleitung gewählt.

HIERARCHIE DER KATHOLISCHEN KIRCHE

Basis

Ermächtigung: Gott, göttliches Recht = Naturrecht = jeder Vernünftige kann es erkennen, z.B. die Personhaftigkeit des Menschen, er ist Sozial- und Individualwesen zugleich = Ebenbild Gottes

Papst (geistliche) Höchstgewalt in der Kirche, über ihm nur noch Gott

Unfehlbarkeit in Glaubens- und Sittenfragen, weil der Papst vom Heiligen Geist inspiriert ist; Vollgewalt des Papstes = er ist Legislative, Exekutive und Judikative zugleich; Rechte des Papstes z.T. an untere Instanzen delegiert (Kurie als Verwaltung des Papstes, nationale Bischofskonferenzen); Universalgewalt = Papst kann jede Sache an sich ziehen und unmittelbar erledigen; Papstwahl durch alle Kardinäle (meist Bischöfe); Papst = absoluter Monarch (Souverän) des Kirchenstaates in Rom, Staatsoberhaupt.

Kontrolle

ökumenische Konzilien = Versammlungen der Bischöfe weltweit, deren Beschlüsse nur gültig werden, wenn sie vom Papst bestätigt wurden

Kontrolle

nationale Bischofskonferenz, Zusammenschluss der deutschen Bischöfe, Weihbischöfe u.a.; gemeinsamer Erlass von Regelungen mit 2/3-Mehrheit, *Berichterstattungspflicht* gegenüber dem Papst alle 5 Jahre

Bischof als Vorsteher der Diözese, vor allem gegenüber dem Papst verantwortlich, dem er Gehorsam schwört

Kontrolle

Pfarrer der Gemeinde, vom Bischof eingesetzt, in Lehrfragen mit Letztentscheidung für seine Gemeinde ausgestattet, nicht in Verwaltungssachen

formales Recht:
KANONISCHES RECHT CIC VON 1983

KAPITEL IV BISCHOFSKONFERENZEN

Can. 447 — Die Bischofskonferenz, als ständige Einrichtung, ist der Zusammenschluß der Bischöfe einer Nation oder eines bestimmten Gebietes, die gewisse pastorale Aufgaben für die Gläubigen ihres Gebietes nach Maßgabe des Rechts gemeinsam ausüben, um das höhere Gut, das die Kirche den Menschen gewährt, zu fördern, besonders durch Formen und Methoden des Apostolates, die den zeitlichen und örtlichen Umständen in geeigneter Weise angepaßt sind.

Can. 448 — § 1. In der Regel umfaßt die Bischofskonferenz die Vorsteher aller Teilkirchen ein und derselben Nation, und zwar nach Maßgabe des ⇒ can. 450.
§ 2. Wenn aber nach dem Urteil des Apostolischen Stuhls und nach Anhören der betroffenen Diözesanbischöfe die persönlichen oder sachlichen Umstände es geraten sein lassen, kann eine Bischofskonferenz für ein Gebiet mit kleinerer oder größerer Ausdehnung errichtet werden, und zwar so, daß sie entweder nur die Bischöfe einiger in einem bestimmten Gebiet errichteter Teilkirchen oder die Vorsteher von Teilkirchen, die in verschiedenen Nationen bestehen, vereinigt; es ist Sache des Apostolischen Stuhls, für jede einzelne von ihnen besondere Normen zu erlassen.

Can. 449 — § 1. Es steht ausschließlich der höchsten Autorität der Kirche zu, nach Anhören der betroffenen Bischöfe, Bischofskonferenzen zu errichten, aufzulösen oder zu verändern.
§ 2. Die rechtmäßig errichtete Bischofskonferenz besitzt von Rechts wegen Rechtspersönlichkeit.

Can. 450 — § 1. Zur Bischofskonferenz gehören von Rechts wegen im Konferenzgebiet alle Diözesanbischöfe sowie die ihnen rechtlich Gleichgestellten, ebenso alle Bischofskoadjutoren, Auxiliarbischöfe und die übrigen Titularbischöfe, die in diesem Gebiet eine ihnen vom Apostolischen Stuhl oder von der Bischofskonferenz übertragene besondere Aufgabe wahrnehmen; es können auch die Ordinarien eines anderen Ritus eingeladen werden, aber so, daß sie nur beratendes Stimmrecht haben, wenn die Statuten der Bischofskonferenz nichts anderes bestimmen.
§ 2. Die übrigen Titularbischöfe sowie der Gesandte des Papstes sind nicht von Rechts wegen Mitglieder der Bischofskonferenz.

Can. 451 — Jede Bischofskonferenz hat eigene Statuten aufzustellen, die vom Apostolischen Stuhl zu überprüfen sind; in ihnen ist unter anderem die Abhaltung von Vollversammlungen zu regeln; vorzusehen sind darin ferner ein Ständiger Rat der Bischöfe, ein Generalsekretariat der Konferenz sowie auch andere Ämter und Kommissionen, die nach Meinung der Konferenz das anzustrebende Ziel wirksamer zu erreichen helfen.

Can. 452 — § 1. Jede Bischofskonferenz hat nach Maßgabe der Statuten ihren Vorsitzenden zu wählen und zu bestimmen, wer bei rechtmäßiger Verhinderung des Vorsitzenden das Amt des stellvertretenden Vorsitzenden wahrzunehmen hat; ferner hat sie einen Generalsekretär zu bestellen.
§ 2. Der Vorsitzende der Konferenz, und im Falle seiner rechtmäßigen Verhinderung der stellvertretende Vorsitzende, steht nicht nur den Vollversammlungen der Bischofskonferenz vor, sondern auch dem Ständigen Rat.

Can. 453 — Vollversammlungen der Bischofskonferenz sind nach Maßgabe der Statuten wenigstens einmal im Jahr abzuhalten und außerdem dann, wenn besondere Umstände es erfordern.

Can. 454 — § 1. Entscheidendes Stimmrecht auf den Vollversammlungen der Bischofskonferenz haben von Rechts wegen die Diözesanbischöfe und die ihnen rechtlich Gleichgestellten, ferner die Bischofskoadjutoren.
§ 2. Die Auxiliarbischöfe sowie die übrigen Titularbischöfe, die der Bischofskonferenz angehören, haben entscheidendes oder beratendes Stimmrecht gemäß den Bestimmungen der Konferenzstatuten; es hat jedoch unberührt zu bleiben, daß nur die in § 1 Genannten entscheidendes Stimmrecht haben, wenn es um die Erstellung oder Änderung der Statuten geht.

Can. 455 — § 1. Die Bischofskonferenz kann nur in den Angelegenheiten allgemeine Dekrete erlassen, in denen das allgemeine Recht es vorschreibt oder eine besondere Anordnung dies bestimmt, die der Apostolische Stuhl aus eigenem Antrieb oder auf Bitten der Konferenz selbst erlassen hat.
§ 2. Die in § 1 genannten Dekrete müssen, um gültig in der Vollversammlung erlassen werden zu können, von wenigstens zwei Dritteln der Stimmen jener Vorsteher, die mit entscheidendem Stimmrecht der Konferenz angehören, getragen werden; sie erhalten erst dann Rechtskraft, wenn sie nach Überprüfung durch den Apostolischen Stuhl rechtmäßig promulgiert worden sind.
§ 3. Die Promulgationsweise und der Zeitpunkt, von dem an die Dekrete Rechtskraft erlangen, werden von der Bischofskonferenz selbst festgelegt.
§ 4. In den Fällen, in denen weder das allgemeine Recht noch eine besondere Anordnung des Apostolischen Stuhls der Bischofskonferenz die in § 1 genannte Vollmacht einräumt, bleibt die Zuständigkeit des einzelnen Diözesanbischofs ungeschmälert erhalten, und weder die Konferenz noch ihr Vorsitzender kann im Namen aller Bischöfe handeln, wenn nicht alle Bischöfe einzeln ihre Zustimmung gegeben haben.

Can. 456 — Nach Abschluß einer Vollversammlung der Bischofskonferenz muß der Vorsitzende einen Bericht über die Verhandlungen der Konferenz sowie ihre Dekrete dem Apostolischen Stuhl übermitteln, damit sowohl die Verhandlungen zu dessen Kenntnis gelangen als auch etwaige Dekrete von diesem überprüft werden können.

Can. 457 — Es ist Aufgabe des Ständigen Rates, dafür zu sorgen, daß die in der Vollversammlung der Konferenz zu behandelnden Angelegenheiten vorbereitet werden und die in der Vollversammlung getroffenen Entscheidungen in der gebührenden Weise zur Ausführung gelangen; seine Sache ist es auch, andere Geschäfte durchzuführen, die ihm nach Maßgabe der Statuten zugewiesen werden.

Can. 458 — Es ist Aufgabe des Generalsekretariates:
1 den Bericht über die Verhandlungen und die Dekrete der Vollversammlung der Konferenz sowie über die Verhandlungen des Ständigen Rates der Bischöfe abzufassen und diese allen Mitgliedern der Konferenz zukommen zu lassen, und ebenso andere Akten zu erstellen, deren Abfassung ihm vom Vorsitzenden der Konferenz oder vom Ständigen Rat aufgetragen werden;
2 den benachbarten Bischofskonferenzen Akten und Dokumente mitzuteilen, deren Übersendung die Vollversammlung der Konferenz oder der Ständige Rat der Bischöfe beschließt.

Can. 459 — § 1. Die Beziehungen zwischen den Bischofskonferenzen, vor allem den benachbarten, sollen gepflegt werden, um das höhere Wohl zu fördern und zu schützen.
§ 2. Wenn die Konferenzen aber Unternehmungen oder Pläne internationalen Charakters vorhaben, muß der Apostolische Stuhl gehört werden.

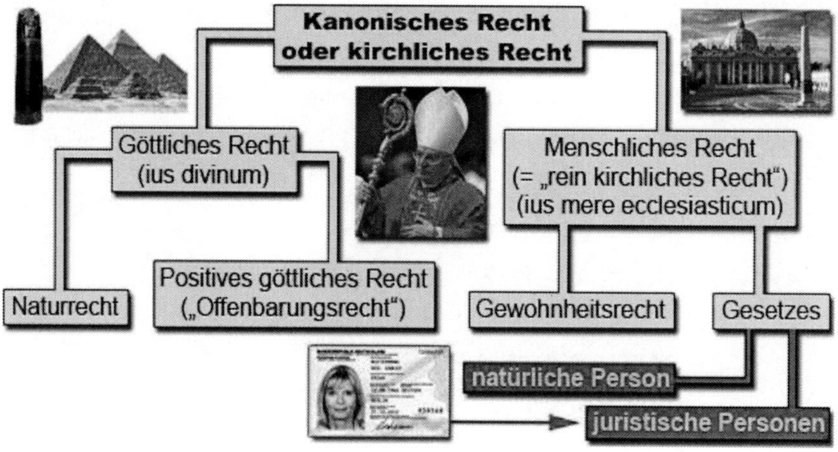

[www.toni-all.com]

KATHOLISCHE SOZIALLEHRE

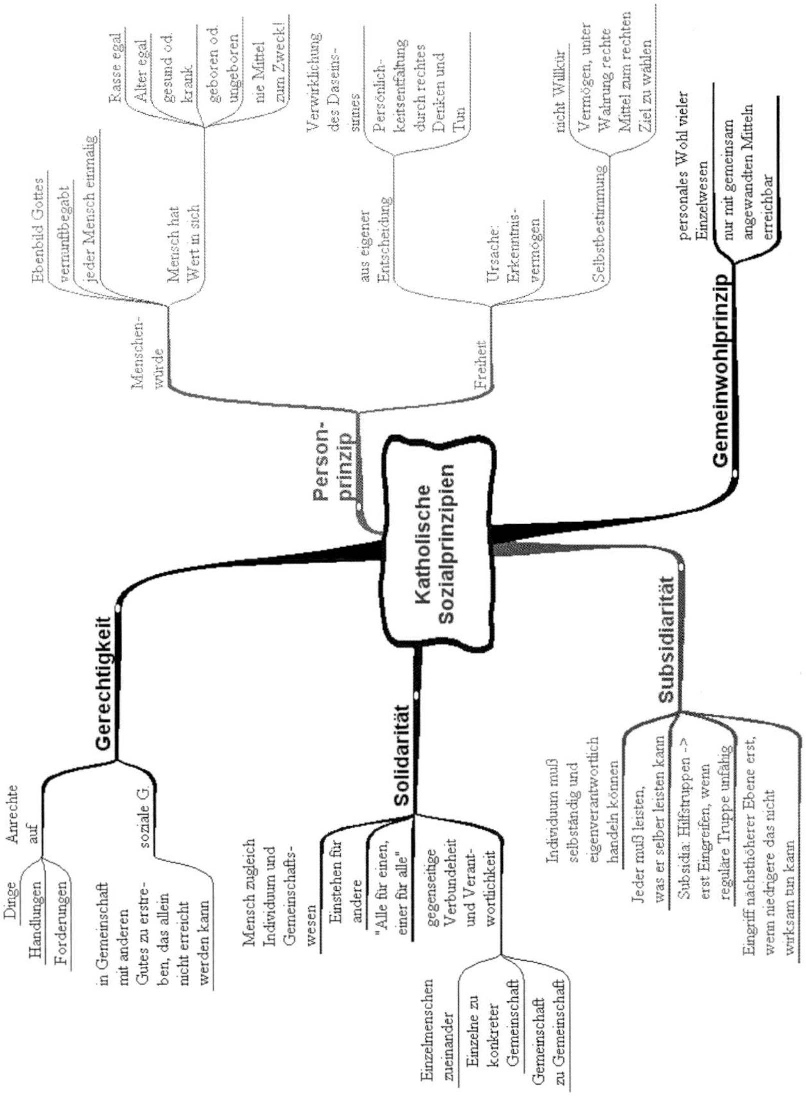

KLAGEBEFUGNIS DER CHRISTEN VOR KIRCHENGERICHTEN
(siehe auch Stichwort: *Rechtssubjekt*)

Ermächtigung:
„**§ 17 VwGG.EKD**

(1) Eine Klage mit dem Ziel der Aufhebung einer kirchlichen Entscheidung kann nur erheben, wer geltend machen kann, durch die Entscheidung in seinen Rechten verletzt zu sein (Anfechtungsklage).
(2) Eine Klage mit dem Ziel des Erlasses einer kirchlichen Entscheidung oder einer sonstigen Leistung kann nur erheben, wer geltend machen kann, in einem Anspruch auf das Begehrte verletzt zu sein (Leistungsklage).
(3) Eine Klage mit dem Ziel der Feststellung des Bestehens oder Nichtbestehens eines Rechtsverhältnisses oder der Nichtigkeit einer kirchlichen Entscheidung kann nur erheben, wer ein berechtigtes Interesse an der baldigen Feststellung hat und dieses Interesse nicht durch Anfechtungs- oder Leistungsklage verfolgen kann oder hätte verfolgen können (Feststellungsklage). Der Vorrang der Anfechtungs- und Leistungsklage gilt nicht, wenn die Feststellung der Nichtigkeit einer kirchlichen Entscheidung begehrt wird."

[Verwaltungsgerichtsgesetz der EKD – VwGG.EKD vom 10. November 2010].

Klagebefugt ist sicherlich ein Pfarrer, der rechtswidrig abberufen wird.

Die Klagebefugnis ist darauf beschränkt, dass man tatsächlich subjektiv in seinen Rechten betroffen ist, nicht sich nur irgendwie ärgert.

Disziplinarverfahren gegen einen Pfarrer können nur vom Dienstherrn eingeleitet werden, nicht von den einzelnen Christen. Die können sich natürlich dort beschweren. Weil jemand eine „linke" Predigt hält, begründet das noch keine allgemeine Klagebefugnis, wie auch im staatlichen Verwaltunsgrecht z.B. Eine Beleidigung durch einen Pfarrer begründet natürlich eine Klagebefugnis vor den kirchlichen und staatlichen Gerichten durch den Beleidigten.

In der katholischen Kirche ist die individuelle Klagebefugnis sehr begrenzt, der Papst ist unanfechtbar u.a., nur er kann gegen Bischöfe vorgehen. Diözesane Arbeitsgemeinschaft der Mitarbeitervertretungen (Arbeitnehmervertretung als Teil der katholischen Kirche) kann aber z.B. gegen einen Arbeitgeber, der Teil der katholischen Kirche (z.B. Caritas) ist, vor dem katholischen Arbeitsgericht bei der Deutschen Bischofskonferenz klagen und ggf. auch vor dem staatlichen Arbeitsgericht, wenn dieses fehlerhaft urteilt, da die Arbeitnehmer durch den Arbeitgeber betroffen sind.

formales Recht:
Grundrechte in der katholischen Kirche gemäß dem kanonischen Recht von 1983. (Im 2. Vatikanischen Konzil bekennt sich die Kirche zu den Menschenrechten, was nicht heißt, dass sie sie vorher missachtet hätte. Es ging nur darum, ob dies Rechte der Menschen oder Rechte sind, die in der Ebenbildlichkeit zu Gott quasi Gottesrechte sind.)

Can. 212 — § 1. Was die geistlichen Hirten in Stellvertretung Christi als Lehrer des Glaubens erklären oder als Leiter der Kirche bestimmen, haben die Gläubigen im Bewußtsein ihrer eigenen Verantwortung in christlichem Gehorsam zu befolgen.

§ 2. Den Gläubigen ist es unbenommen, ihre Anliegen, insbesondere die geistlichen, und ihre Wünsche den Hirten der Kirche zu eröffnen.

§ 3. Entsprechend ihrem Wissen, ihrer Zuständigkeit und ihrer hervorragenden Stellung haben sie das Recht und bisweilen sogar die Pflicht, ihre Meinung in dem, was das Wohl der Kirche angeht, den geistlichen Hirten mitzuteilen und sie unter Wahrung der Unversehrtheit des Glaubens und der Sitten und der Ehrfurcht gegenüber den Hirten und unter Beachtung des allgemeinen Nutzens und der Würde der Personen den übrigen Gläubigen kundzutun.

Can. 213 — Die Gläubigen haben das Recht, aus den geistlichen Gütern der Kirche, insbesondere dem Wort Gottes und den Sakramenten, Hilfe von den geistlichen Hirten zu empfangen.

Can. 214 — Die Gläubigen haben das Recht, den Gottesdienst gemäß den Vorschriften des eigenen, von den zuständigen Hirten der Kirche genehmigten Ritus zu feiern und der eigenen Form des geistlichen Lebens zu folgen, sofern diese mit der Lehre der Kirche übereinstimmt.

Can. 215 — Den Gläubigen ist es unbenommen, Vereinigungen für Zwecke der Caritas oder der Frömmigkeit oder zur Förderung der christlichen Berufung in der Welt frei zu gründen und zu leiten und Versammlungen abzuhalten, um diese Zwecke gemeinsam zu verfolgen.

Can. 216 — Da alle Gläubigen an der Sendung der Kirche teilhaben, haben sie das Recht, auch durch eigene Unternehmungen je nach ihrem Stand und ihrer Stellung eine apostolische Tätigkeit in Gang zu setzen oder zu unterhalten; keine Unternehmung darf sich jedoch ohne Zustimmung der zuständigen kirchlichen Autorität katholisch nennen.

Can. 217 — Da ja die Gläubigen durch die Taufe zu einem Leben nach der Lehre des Evangeliums berufen sind, haben sie das Recht auf eine christliche Erziehung, durch die sie in angemessener Weise zur Erlangung der Reife der menschlichen Person und zugleich zur Erkenntnis des Heilsgeheimnisses und zu einem Leben danach angeleitet werden.

Can. 218 — Die sich theologischen Wissenschaften widmen, besitzen die gebührende Freiheit der Forschung und der klugen Meinungsäußerung in den Bereichen, in denen sie über Sachkenntnis verfügen, dabei ist der schuldige Gehorsam gegenüber dem Lehramt der Kirche zu wahren.

Can. 219 — Alle Gläubigen haben das Recht, ihren Lebensstand frei von jeglichem Zwang zu wählen.

Can. 220 — Niemand darf den guten Ruf, den jemand hat, rechtswidrig schädigen und das persönliche Recht eines jeden auf den Schutz der eigenen Intimsphäre verletzen.

Can. 221 — § 1. Den Gläubigen steht es zu, ihre Rechte, die sie in der Kirche besitzen, rechtmäßig geltend zu machen und sie nach Maßgabe des Rechts vor der zuständigen kirchlichen Behörde zu verteidigen.
§ 2. Wenn Gläubige von der zuständigen Autorität vor Gericht gezogen werden, haben sie auch das Recht auf ein Urteil, das nach Recht und Billigkeit gefällt wird.
§ 3. Die Gläubigen haben das Recht, daß kanonische Strafen über sie nur nach Maßgabe des Gesetzes verhängt werden.

Can. 222 — § 1. Die Gläubigen sind verpflichtet, für die Erfordernisse der Kirche Beiträge zu leisten, damit ihr die Mittel zur Verfügung stehen, die für den Gottesdienst, die Werke des Apostolats und der Caritas sowie für einen angemessenen Unterhalt der in ihrem Dienst Stehenden notwendig sind.
§ 2. Sie sind auch verpflichtet, die soziale Gerechtigkeit zu fördern und, des Gebotes des Herrn eingedenk, aus ihren eigenen Einkünften die Armen zu unterstützen.

Can. 223 — § 1. Bei der Ausübung ihrer Rechte müssen die Gläubigen sowohl als einzelne wie auch in Vereinigungen auf das Gemeinwohl der Kirche, die Rechte anderer und ihre eigenen Pflichten gegenüber anderen Rücksicht nehmen.
§ 2. Der kirchlichen Autorität steht es zu, im Hinblick auf das Gemeinwohl die Ausübung der Rechte, die den Gläubigen eigen sind, zu regeln.

TITEL II
PFLICHTEN UND RECHTE
DER LAIEN

Can. 224 — Die Laien haben außer den Pflichten und Rechten, die allen Gläubigen gemeinsam sind, und denen, die in anderen Canones festgesetzt sind, die Pflichten und Rechte, die in den Canones dieses Titels aufgezählt sind.

Can. 225 — § 1. Da die Laien wie alle Gläubigen zum Apostolat von Gott durch die Taufe und die Firmung bestimmt sind, haben sie die

allgemeine Pflicht und das Recht, sei es als einzelne oder in Vereinigungen, mitzuhelfen, daß die göttliche Heilsbotschaft von allen Menschen überall auf der Welt erkannt und angenommen wird, diese Verpflichtung ist um so dringlicher unter solchen Umständen, in denen die Menschen nur durch sie das Evangelium hören und Christus kennenlernen können.
§ 2. Sie haben auch die besondere Pflicht, und zwar jeder gemäß seiner eigenen Stellung, die Ordnung der zeitlichen Dinge im Geiste des Evangeliums zu gestalten und zur Vollendung zu bringen und so in besonderer Weise bei der Besorgung dieser Dinge und bei der Ausübung weltlicher Aufgaben Zeugnis für Christus abzulegen.

Can. 226 — § 1. Die im Ehestand leben, haben gemäß ihrer eigenen Berufung die besondere Pflicht, durch Ehe und Familie am Aufbau des Volkes Gottes mitzuwirken.
§ 2. Da die Eltern ihren Kindern das Leben geschenkt haben, haben sie die sehr schwerwiegende Pflicht und das Recht, sie zu erziehen; daher ist es vor allem Aufgabe der christlichen Eltern, für die christliche Erziehung ihrer Kinder gemäß der von der Kirche überlieferten Lehre zu sorgen.

Can. 227 — Die Laien haben das Recht, daß ihnen in den Angelegenheiten des irdischen Gemeinwesens jene Freiheit zuerkannt wird, die allen Bürgern zukommt; beim Gebrauch dieser Freiheit haben sie jedoch dafür zu sorgen, daß ihre Tätigkeiten vom Geist des Evangeliums erfüllt sind, und sich nach der vom Lehramt der Kirche vorgelegten Lehre zu richten; dabei haben sie sich jedoch davor zu hüten, in Fragen, die der freien Meinungsbildung unterliegen, ihre eigene Ansicht als Lehre der Kirche auszugeben.

Can. 228 — § 1. Laien, die als geeignet befunden werden, sind befähigt, von den geistlichen Hirten für jene kirchlichen Ämter und Aufgaben herangezogen zu werden, die sie gemäß den Rechtsvorschriften wahrzunehmen vermögen.
§ 2. Laien, die sich durch Wissen, Klugheit und Ansehen in erforderlichem Maße auszeichnen, sind befähigt, als Sachverständige

und Ratgeber, auch in Ratsgremien nach Maßgabe des Rechts, den Hirten, der Kirche Hilfe zu leisten.

Can. 229 — § 1. Damit die Laien gemäß der christlichen Lehre zu leben vermögen, diese auch selbst verkündigen und, wenn es notwendig ist, verteidigen können und damit sie in der Ausübung des Apostolats ihren Teil beizutragen imstande sind, sind sie verpflichtet und berechtigt, Kenntnis dieser Lehre zu erwerben, wie sie der je eigenen Fähigkeit und der Stellung eines jeden einzelnen entspricht.
§ 2. Sie haben auch das Recht, jene tiefere Kenntnis in den theologischen Wissenschaften zu erwerben, die in kirchlichen Universitäten oder Fakultäten oder in Instituten für religiöse Wissenschaften gelehrt werden, indem sie dort Vorlesungen besuchen und akademische Grade erwerben.
§ 3. Ebenso können sie unter Beachtung der hinsichtlich den erforderlichen Eignung erlassenen Vorschriften einen Auftrag zur Lehre in theologischen Wissenschaften von der rechtmäßigen kirchlichen Autorität erhalten.

Can. 230 — § 1. Männliche Laien, die das Alter und die Begabung haben, die durch Dekret der Bischofskonferenz dafür bestimmt sind, können durch den vorgeschriebenen liturgischen Ritus für die Dienste des Lektors und des Akolythen auf Dauer bestellt werden, die Übertragung dieser Dienste gewährt ihnen jedoch nicht das Recht auf Unterhalt oder Vergütung von seiten der Kirche.
§ 2. Laien können aufgrund einer zeitlich begrenzten Beauftragung bei liturgischen Handlungen die Aufgabe des Lektors erfüllen, ebenso können alle Laien die Aufgaben des Kommentators, des Kantors oder andere Aufgaben nach Maßgabe des Rechtes wahrnehmen.
§ 3 Wo es ein Bedarf der Kirche nahelegt, weil für diese Dienste Beauftragte nicht zur Verfügung stehen, können auch Laien, selbst wenn sie nicht Lektoren oder Akolythen sind, nach Maßgabe der Rechtsvorschriften bestimmte Aufgaben derselben erfüllen, nämlich den Dienst am Wort, die Leitung liturgischer Gebete, die Spendung der Taufe und die Austeilung der heiligen Kommunion.

Can. 231 — § 1. Laien, die auf Dauer oder auf Zeit für einen besonderen Dienst der Kirche bestellt werden, sind verpflichtet, die zur gebührenden Erfüllung ihrer Aufgabe erforderliche Bildung sich anzueignen und diese Aufgabe gewissenhaft, eifrig und sorgfältig zu erfüllen.
§ 2. Unbeschadet der Vorschrift des can. 230, § 1 haben sie das Recht auf eine angemessene Vergütung, die ihrer Stellung entspricht und mit der sie, auch unter Beachtung des weltlichen Rechts, für die eigenen Erfordernisse und für die ihrer Familie in geziemender Weise sorgen können; ebenso steht ihnen das Recht zu, daß für ihre soziale Vorsorge und Sicherheit sowie ihre Gesundheitsfürsorge, wie man sagt, gebührend vorgesehen wird.

TITEL IV
PROZESSPARTEIEN (Cann. 1476 – 1490)

KAPITEL I
KLÄGER UND BELANGTE PARTEI

Can. 1476 — Jeder, ob getauft oder ungetauft, kann vor Gericht als Kläger auftreten; die rechtmäßig belangte Partei ist verpflichtet, sich zu verantworten.

Can. 1477 — Selbst wenn ein Kläger oder eine belangte Partei einen Prozeßbevollmächtigten oder Anwalt bestellt hat, sind sie dennoch stets verpflichtet, persönlich nach Weisung des Rechtes oder des Richters vor Gericht zu erscheinen.

Can. 1478 — § 1. Minderjährige und solche, die des Vernunftgebrauches entbehren, können, unbeschadet der Bestimmung von § 3, vor Gericht nur durch ihre Eltern, Vormünder oder Pfleger handeln.
§ 2. Glaubt der Richter, daß die Rechte der Minderjährigen im Widerstreit mit den Rechten der Eltern, Vormünder oder Pfleger stehen oder daß diese die Rechte der Minderjährigen nicht ausreichend wahren können, so sollen sie vor Gericht durch einen vom Richter bestellten Vormund oder Pfleger handeln.

§ 3. In geistlichen und mit diesen zusammenhängenden Sachen können Minderjährige, wenn sie den Vernunftgebrauch erlangt haben, ohne Zustimmung ihrer Eltern oder ihres Vormundes klagen und sich verantworten, und zwar selbständig, wenn sie das vierzehnte Lebensjahr vollendet haben, anderenfalls durch einen vom Richter bestellten Pfleger.
§ 4. Entmündigte und Geistesschwache können selbständig vor Gericht nur auftreten, um sich wegen eigener Straftaten zu verantworten, oder auf Anordnung des Richters; in allen übrigen Fällen müssen sie sich als Kläger und als belangte Partei durch ihre Pfleger vertreten lassen.

Can. 1479 — Ein von weltlicher Seite eingesetzter Vormund oder Pfleger kann vom kirchlichen Richter zugelassen werden, nachdem der Diözesanbischof des Vertretenen, soweit dies möglich ist, gehört worden ist; ist ein solcher Vertreter nicht bestellt oder erscheint seine Zulassung untunlich, so wird der Richter selbst einen Vormund oder Pfleger für das Verfahren bestimmen.

Can. 1480 — § 1. Juristische Personen treten vor Gericht durch ihre gesetzlichen Vertreter auf.
§ 2. Wenn jedoch ein Vertreter fehlt oder nachlässig ist, kann der Ordinarius selbst oder durch einen Beauftragten für die seiner Gewalt unterstellten juristischen Personen vor Gericht auftreten.

KONKORDATE (KATHOLISCHE KIRCHE) UND STAAT-KIRCHEN-VERTRÄGE DER EVANGELISCHEN KIRCHEN

Ermächtigung:
Konkordate des Heiligen Stuhls (als Völkerrechtssubjekt) mit der Bundesrepublik und deren Bundesländern sind Verträge nach (internationalem) Völkerrecht. Dazu kommen (völkerrechtsähnliche) Verträge von Diözesen mit dem Staat. Die EKD (-Teilkirchen) schließen sog. Staatsverträge mit dem Staat nach nationalem Recht. Diese Konkordate und Verträge sichern die Rechte der Kirchen und auch ggf. die Einflussnahme des Staates (z.B. bei der Ernennung von Bischöfen, was aber kaum noch stattfindet). In diesen Verträgen erkennen sich Staat und Kirche als gleichberechtigte Partner an, um ihre Beziehungen rechtlich zu regeln. Die Verträge berechtigen und verpflichten nur Staat und Kirche, nicht das einzelne Kirchenmitglied oder die Bürger.

Materiales Recht aus den Verträgen:
Z.B. das Recht der Kirchen, über den Religionsunterricht u.a. inhaltlich zu bestimmen. Die geistliche Kleidung ist nur den Pfarrern vorbehalten. Es besteht eine Pflicht der Bischöfe gegenüber Staat und Verfassung; staatliche Leistungen an die Kirchen können nur im Einvernehmen abgeschafft werden. Die Neueinrichtung von Bekenntnisschulen ist möglich; katholische Pfarrer dürfen nicht in der Politik tätig sein, auch keine Parteimitgliedschaft; Sicherung der Militär- und Gefängnisseelsorge; Sicherung des schulischen Religionsunterrichts nach Art. 7 GG.

Der Text des Reichskonkordats von 1933, das in Teilen auch nach 1945 gültig war und ist, wenn es nicht von neuen Konkordaten der Bundesländer abgelöst wurde:

„Artikel 1

Das Deutsche Reich gewährleistet die Freiheit des Bekenntnisses und der öffentlichen Ausübung der katholischen Religion. Es anerkennt das Recht der katholischen Kirche, innerhalb der Grenzen des für alle geltenden Gesetzes, ihre Angelegenheiten selbständig zu ordnen und zu verwalten und im Rahmen ihrer Zuständigkeit für ihre Mitglieder bindende Gesetze und Anordnungen zu erlassen.

Artikel 2

Die mit Bayern (1924), Preußen (1929) und Baden (1932) abgeschlossenen Konkordate bleiben bestehen und die in ihnen anerkannten Rechte und Freiheiten der katholischen Kirche innerhalb der betreffenden Staatsgebiete unverändert gewahrt. Für die übrigen Länder greifen die in dem vorliegenden Konkordat getroffenen Vereinbarungen in ihrer Gesamtheit Platze. Letztere sind auch für die obengenannten drei Länder verpflichtend, soweit sie Gegenstände betreffen, die in den Länderkonkordaten nicht geregelt wurden oder soweit sie die früher getroffene Regelung ergänzen. In Zukunft wird der Abschluß von Länderkonkordaten nur im Einvernehmen mit der Reichsregierung erfolgen.

Artikel 3

Um die gute Beziehungen zwischen dem Heiligen Stuhl und dem Deutschen Reich zu pflegen, wird wie bisher ein apostolischer Nuntius in der Hauptstadt des Reiches und ein Botschafter des Deutschen Reiches beim Heiligen Stuhl residieren.

Artikel 4

Der Heilige Stuhl genießt in seinem Verkehr und seiner Korrespondenz mit den Bischöfen, dem Klerus und den übrigen Angehörigen der katholischen Kirche in Deutschland volle Freiheit. Dasselbe gilt für die Bischöfe und sonstigen Diözesanbehörden für ihren Verkehr mit den Gläubigen in allen Angelegenheiten ihres Hirtenamtes. Anweisungen, Verordnungen, Hirtenbriefe, amtliche Diözesanblätter und sonstige die geistliche Leitung der Gläubigen betreffenden Verfügungen, die von den kirchlichen Behörden im Rahmen ihrer Zuständigkeit (Artikel 1 Abs. 2) erlassen werden, können ungehindert veröffentlicht und in den bisher üblichen Formen zur Kenntnis der Gläubigen gebracht werden.

Artikel 5

In Ausübung ihrer geistlichen Tätigkeit genießen die Geistlichen in gleicher Weise wie die Staatsbeamten den Schutz des Staates. Letzterer wird gegen Beleidigungen ihrer Person oder ihrer Eigenschaft als Geistliche sowie gegen Störungen ihrer Amtshandlungen nach Maßgabe der allgemeinen staatlicher Gesetzgebung vorgehen und im Bedarfsfall behördlichen Schutz gewähren.

Artikel 6

Kleriker und Ordensleute sind frei von der Verpflichtung zur Übernahme öffentlicher Ämter und solcher Obliegenheiten, die nach den Vorschriften des kanonischen Rechtes mit dem geistlichen Stande bzw. dem Ordensstande nicht vereinbar sind. Dies gilt insbesondere von dem Amt eines Schöffen, eines Geschworenen, eines Mitglieds der Steuerausschüsse oder der Finanzgerichte.

Artikel 7

Zur Annahme einer Anstellung oder eines Amtes im Staat oder bei einer von ihm abhängigen Körperschaft des öffentlichen Rechtes bedürfen Geistliche des Nihil obstat ihres Diözesanordinarius sowie des Ordinarius des Sitzes der öffentlich-rechtlichen Körperschaft.
Das Nihil obstat ist jederzeit aus wichtigen Gründen kirchlichen Interesses widerrufbar.

Artikel 8

Das Amtseinkommen der Geistlichen ist in gleichem Maße von der Zwangsvollstreckung befreit wie die Amtsbezüge der Reichs- und Staatsbeamten.

Artikel 9

Geistliche können von Gerichtsbehörden und anderen Behörden nicht um Auskünfte über Tatsachen angehalten werden, die ihnen bei Ausübung der Seelsorge anvertraut worden sind und deshalb unter die Pflicht der seelsorgerlichen Verschwiegenheit fallen.

Artikel 10

Der Gebrauch geistlicher Kleidung oder des Ordensgewandes durch Laien oder durch Geistliche oder Ordenspersonen, denen dieser Gebrauch durch die zuständige Kirchenbehörde durch endgültige, der Staatsbehörde amtlich bekanntgegebene Anordnung rechtskräftig verboten worden ist, unterliegt staatlicherseits den gleichen Strafen wie der Mißbrauch der militärischen Uniform.

Artikel 11

Die gegenwärtige Diözesanorganisation und -zirkumskription der katholischen Kirche im Deutschen Reich bleibt bestehen. Eine in Zukunft etwa erforderlich erscheinende Neueinrichtung eines Bistums oder einer Kirchenprovinz oder sonstige Änderungen der Diözesanzirkumskription bleiben, soweit es sich um Neubildungen innerhalb der Grenzen eines deutschen Landes handelt, der Vereinbarung mit der zuständigen Landesregierung vorbehalten. Bei Neubildungen oder Änderungen, die über die Grenzen eines deutschen Landes hinausgreifen, erfolgt die Verständigung mit der Reichsregierung, der es überlassen bleibt, die Zustimmung der in Frage kommenden Länderregierungen herbeizuführen. Dasselbe gilt entsprechend für die Neuerrichtung oder Änderung von Kirchenprovinzen, falls mehrere deutsche Länder daran beteiligt sind. Auf kirchliche Grenzverlegungen, die lediglich im Interesse der örtlichen Seelsorge erfolgen, finden die vorstehenden Bedingungen keine Anwendung.

Bei etwaigen Neugliederungen innerhalb des Deutschen Reiches wird sich die Reichsregierung zwecks Neuordnung der Diözesanorganisation und -zirkumskription mit dem Heiligen Stuhl in Verbindung setzen. (...).“

KÖRPERSCHAFT DES ÖFFENTLICHEN RECHTS
(KdöR, z.B. Kirchen, andere Glaubensgemeinschaften)

Ermächtigung:
Art. 140 GG (siehe Stichwort: *Selbstbestimmungsrecht der RG*)

Definition:
Juristische Person, die vom Staat mit öffentlichen, für deren Mitglieder erzwingbaren oder besonderen Rechten, Pflichten und Aufgaben zur selbständigen Erledigung mit Satzungsgewalt ausgestattet ist. (Z.B. Universitäten, IHK's, Kirchen, Weltanschauungsgemeinschaften). Kirchen dürfen von ihren Mitgliedern Steuern erheben, was in Deutschland zur Erleichterung über den Staat abgewickelt wird, die Verwaltungskosten entgelten die Kirchen dem Staat.

Prüfschema:
Bedingungen zur staatlichen Anerkennung einer öffentlich-rechtlichen Körperschaft:

- Gewähr auf dauerhaftes Bestehen der Körperschaften, Kriterien: Verfassung und Zahl der Mitglieder u.a.
- Rechts- und Verfassungsgtreue
- öffentliche, gemeinnützige Aufgabe
- KdöR ist dem Problem näher als der Staat im engeren Sinne (*Subsidiaritätsprinzip*, siehe dort).

Folgen: staatliche Rechtsaufsicht über die KdöR, die staatliche Aufgaben übernehmen, z.B. die Gemeinden und Städte, aber nicht bei Kirchen.

Spezifische Bedingungen und Privilegien für Kirchen und Weltanschauungsgemeinschaften nach Art. 4 GG und Art. 140 GG:

- Die Kirchen und sonstigen Religionsgemeinschaften sind von Art. 140 GG her *„geborene"* KdöR, d.h. den Anspruch darauf können sie aus Art. 140 GG ableiten, was ihnen vom Staat bei Vorliegen der in Art 140 GG genannten Voraussetzungen gewährt werden muss.
- Mindestmaß an Konsens der Mitglieder
- genügendes Kapital
- Keine Zwangsmitgliedschaft in den Kirchen, im Gegensatz z.B. zur IHK als KdöR, der alle Unternehmen ihres Bezirks angehören müssen.
- Keine staatliche Rechtsaufsicht über die Kirche, da Trennung von Kirche und Staat und da Kirchen keine staatlichen Selbstverwaltungsaufgaben (wie die Gemeinden und Städte) wahrnehmen.
- Keine demokratische Organisation der Kirchen, wie ja auch Universitäten nicht demokratisch, sondern ständisch (Profs, Studenten, Mittelbau) organisiert sind; aber kein Laizismus wie in Frankreich, denn in Deutschland kooperiert der Staat mit den Kirchen als KdöR, keine Gegnerschaft, die Präambel des Grundgesetzes beruft sich auf Gott.
- Als nichtstaatliche KdöR sind die Kirchen grundrechtsberechtigt, d.h. sie können gegen den Staat klagen. Staatlichen KdöR ist das nicht gegeben, da sie nur auf die Grundrechte verpflichtet sind, auf deren Basis der Bürger dann gegen die staatliche KdöR (Stadtverwaltung z.B.) klagen kann.
- Privilegienbündel: steuerliche Begünstigungen oder die Gewährung von Vollstreckungsschutz
- Recht zum Steuereinzug, Dienstherrenfähigkeit, Schaffung kirchlicher öffentlicher Sachen durch Widmung, Widmung eines privatrechtlich im Eigentum der Kirche befindlichen Gebäudes als öffentlich-rechtliches Gotteshaus, verbunden mit der Pflicht der Kirche, dies zu unterhalten, ggf. verbunden mit staatlichen Subventionen (u.a. zum Denkmalschutz).

- Vertretung in staatlichen und öffentlichen Gremien (z.B. Rundfunkräten)
- KdöR-Status auch für Untergliederungen (Landeskirchen, Diözesen).

Rechtsprechung:
„**12** Der Status einer Körperschaft des öffentlichen Rechts nach Art. 140 GG, Art. 137 Abs. 5 Satz 1 oder Satz 2 WRV vermittelt der Religionsgemeinschaft bestimmte öffentlich-rechtliche Befugnisse, die aus ihrem Status folgen und mit ihm unmittelbar verbunden sind. Dazu gehört insbesondere die Organisationsgewalt [Urteil vom 10. April 2008 – BVerwG 7 C 47.07 – NVwZ 2008, 1357]. Die Organisationsgewalt gibt den korporierten Religionsgemeinschaften die Befugnis, Untergliederungen zu bilden, und zwar gerade solche mit öffentlich-rechtlichem Status [Bundesverfassungsgericht, Urteil vom 19. Dezember 2000 – 2 BvR 1500/97 – BVerfGE 102, 370 <371>]. Wie das Verhältnis zwischen der Religionsgemeinschaft und den von ihr gebildeten Untergliederungen ausgestaltet ist, insbesondere welche Selbständigkeit der Untergliederung im Verhältnis zu der Religionsgemeinschaft zukommen soll, bestimmt die Religionsgemeinschaft nach ihrem Selbstverständnis auf der Grundlage des ihr insoweit zukommenden Selbstbestimmungsrechts (Art. 140 GG, Art. 137 Abs. 3 Satz 1 WRV).

13 Auch wenn die Befugnis, öffentlich-rechtliche Untergliederungen zu bilden, unmittelbar aus dem Körperschaftsstatus der Religionsgemeinschaft folgt, bedarf es doch der Mitwirkung des Staates, wenn die Untergliederung im Bereich der weltlichen Rechtsordnung rechtlich wirksam handeln soll, etwa als Steuergläubigerin im Recht der Kirchensteuer. Diese Mitwirkung ist im Land Baden-Württemberg in dessen § 24 KiStG geregelt. Die Zuerkennung der Körperschaftsrechte ist damit ebenso wie deren Aberkennung staatliche Mitwirkung an einem Organisationsakt der Religionsgemeinschaft, der inhaltlicher Überprüfung durch staatliche Behörden aufgrund des Selbstbestimmungsrechts der Religionsgemeinschaft entzogen ist.“ [BVerwG 7 B 42.08].

KRUZIFIX- UND KOPFTUCH-BESCHLUSS DES BUNDESVERFASSUNGSGERICHTS

Ermächtigung:
Mit dem Kruzifix-Beschluss des BVerfG vom 16.5.1995 erklärt dieses die Bestimmung des bayerischen Volksschulgesetzes für verfassungsgwidrig, die das generelle Anbringen von Kreuzen und Kruzifixen in Klassenzimmern vorschrieb:

„Die Anbringung von Kreuzen in Klassenzimmern überschreitet die danach gezogene Grenze religiös-weltanschaulicher Ausrichtung der Schule. Wie bereits festgestellt, kann das Kreuz nicht seines spezifischen Bezugs auf die Glaubensinhalte des Christentums entkleidet und auf ein allgemeines Zeichen abendländischer Kulturtradition reduziert werden. Es symbolisiert den wesentlichen Kern der christlichen Glaubensüberzeugung, die zwar insbesondere die westliche Welt in vielfacher Weise geformt hat, aber keineswegs von allen Gesellschaftsmitgliedern geteilt, sondern von vielen in Ausübung ihres Grundrechts aus Art. 4 Abs. 1 GG abgelehnt wird. Seine Anbringung in der staatlichen Pflichtschule ist daher mit Art. 4 Abs. 1 GG unvereinbar, soweit es sich nicht um christliche Bekenntnisschulen handelt. b) Die Anbringung des Kreuzes rechtfertigt sich auch nicht aus der positiven Glaubensfreiheit der Eltern und Schüler christlichen Glaubens. Die positive Glaubensfreiheit kommt allen Eltern und Schülern gleichermaßen zu, nicht nur den christlichen. Der daraus entstehende Konflikt läßt sich nicht nach dem Mehrheitsprinzip lösen, denn gerade das Grundrecht der Glaubensfreiheit bezweckt in besonderem Maße den Schutz von Minderheiten. Überdies verleiht Art. 4 Abs. 1 GG den Grundrechtsträgern nicht uneingeschränkt einen Anspruch darauf, ihre Glaubensüberzeugung im Rahmen staatlicher Institutionen zu betätigen. Soweit die Schule im Einklang mit der Verfassung dafür Raum läßt wie beim Religionsunterricht, beim Schulgebet und anderen religiösen Veranstaltungen, müssen diese vom Prinzip der Freiwilligkeit geprägt sein und Andersdenkenden zumutbare, nicht diskriminierende Ausweichmöglichkeiten lassen. Das ist bei der Anbringung von Kreuzen in Klassenzimmern, deren Präsenz und Anforderung sich der Andersdenkende nicht entziehen kann, nicht der Fall. Schließlich wäre es mit dem Gebot praktischer Konkordanz nicht vereinbar, die Empfindungen Andersdenkender völlig zurückzudrängen, damit die Schüler christlichen Glaubens über den Religionsunterricht und freiwillige Andachten hinaus auch in den profanen Fächern unter dem Symbol ihres Glaubens lernen können." [1 BvR 1087/91].

Dieser Beschluss führte zu erheblicher Kritik von katholischer Seite, die auf die katholische Prägung Bayerns hinwies. Man einigte sich schließlich auf folgende Bayerische Erziehungs- und Unterrichtsgesetz-Formulierungen: Art. 7 Abs. 4: „**1** Angesichts der geschichtlichen und kulturellen Prägung Bayerns wird in jedem Klassenraum ein Kreuz angebracht. **2** Damit kommt der Wille zum Ausdruck, die obersten Bildungsziele der Verfassung auf der Grundlage christlicher und abendländischer Werte unter Wahrung der Glaubensfreiheit zu verwirklichen. **3** Wird der Anbringung des Kreuzes aus ernsthaften und einsehbaren Gründen des Glaubens oder der Weltanschauung durch die Erziehungsberechtigten widersprochen, versucht die Schulleiterin bzw. der Schulleiter eine gütliche Einigung. **4** Gelingt eine Einigung nicht, hat sie bzw. er nach Unterrichtung des Schulamts für den Einzelfall eine Regelung zu treffen, welche die Glaubensfreiheit des Widersprechenden achtet und die religiösen und weltanschaulichen Überzeugungen aller in der Klasse Betroffenen zu einem gerechten Ausgleich bringt; dabei ist auch der Wille der Mehrheit, soweit möglich, zu berücksichtigen."

Diesen Kompromiss übertrug das BVerfG auch auf die umstrittene Frage, inwieweit muslimische Lehrerinnen in der Schule ein Kopftuch tragen dürfen (oder analog Nonnen ihre Hauben). Kriterium über Verbot oder Nichtverbot sind die Verhältnisse vor Ort:

„1 BvR 1181/10 –

1. Der Schutz des Grundrechts auf Glaubens- und Bekenntnisfreiheit (Art. 4 Abs. 1 und 2 GG) gewährleistet auch Lehrkräften in der öffentlichen bekenntnisoffenen Gemeinschaftsschule die Freiheit, einem aus religiösen Gründen als verpflichtend verstandenen Bedeckungsgebot zu genügen, wie dies etwa durch das Tragen eines islamischen Kopftuchs der Fall sein kann.

2. Ein landesweites gesetzliches Verbot religiöser Bekundungen (hier: nach § 57 Abs. 4 SchulG NRW) durch das äußere Erscheinungsbild schon wegen der bloß abstrakten Eignung zur Begründung einer Gefahr für den Schulfrieden oder die staatliche Neutralität in einer öffentlichen bekenntnisoffenen Gemeinschaftsschule ist unverhältnismäßig, wenn dieses Verhalten nachvollziehbar auf ein als verpflichtend verstandenes religiöses Gebot zurückzuführen ist. Ein angemessener Ausgleich der verfassungsrechtlich verankerten Positionen – der Glaubensfreiheit der Lehrkräfte, der negativen Glaubens- und Bekenntnisfreiheit der Schülerinnen und Schüler sowie der Eltern, des Elterngrundrechts und des staatlichen Erziehungsauftrags – erfordert eine einschränkende Auslegung der Verbotsnorm, nach der zumindest eine hinreichend konkrete Gefahr für die Schutzgüter vorliegen muss.
3. Wird in bestimmten Schulen oder Schulbezirken aufgrund substantieller Konfliktlagen über das richtige religiöse Verhalten bereichsspezifisch die Schwelle zu einer hinreichend konkreten Gefährdung oder Störung des Schulfriedens oder der staatlichen Neutralität in einer beachtlichen Zahl von Fällen erreicht, kann ein verfassungsrechtlich anzuerkennendes Bedürfnis bestehen, religiöse Bekundungen durch das äußere Erscheinungsbild nicht erst im konkreten Einzelfall, sondern etwa für bestimmte Schulen oder Schulbezirke über eine gewisse Zeit auch allgemeiner zu unterbinden.
4. Werden äußere religiöse Bekundungen durch Pädagoginnen und Pädagogen in der öffentlichen bekenntnisoffenen Gemeinschaftsschule zum Zweck der Wahrung des Schulfriedens und der staatlichen Neutralität gesetzlich untersagt, so muss dies für alle Glaubens- und Weltanschauungsrichtungen grundsätzlich unterschiedslos geschehen.“

LAIZITÄT IN FRANKREICH

Seit 1905: strikte Trennung von Kirchen und Staat, im Gegensatz zu Deutschland, wo zwar beide getrennt sind, aber positiv kooperieren (z.B. kirchlicher Religionsunterricht an staatlichen Schulen). Die Religion wird zur Privatsache in Frankreich. Die Kirchengebäude sind z.T. im Staatsbesitz. Es gibt aber zahlreiche religiöse Privatschulen. Der Gegentyp zur Laizität ist die Staatsreligion in unterschiedlicher Intensität, in der sich der Staat mit einer Religion identifiziert, heutzutage zunehmend in der Türkei oder in Russland, oder schwächer: in Großbritannien, wo die Königin zugleich Oberhaupt der Anglikanischen Kirche ist, obwohl die Briten wohl das Christentum-fernste Volk in Europa sind. In Großbritannien herrscht natürlich volle Religionsfreiheit.

Da die Ersteinwanderer in Nordamerika seit dem 17. Jahrhundert Protestanten (*Pilgrim Fathers*) waren, die die religiösen Vorgaben des englischen Staates nicht akzeptieren wollten, sind Religion und Staat in den USA – aus der liberalen Tradition heraus – strikt getrennt. Aber viele Politiker bekennen sich offen zum Christentum. Die Religion ist Teil der Gesellschaft (Zivilreligion), nicht des Staates.

RECHT DER DEUTSCHEN GROSSKIRCHEN AUF STAATSLEISTUNGEN

Ermächtigung:
Ersatzzahlungen für die staatlichen Enteignungen von Kirchenbesitz im 18. und 19. Jahrhundert gemäß Art. 140 GG. Staatliche Leistungen an die Kirchen, z.B. infolge des Denkmalschutzes, stehen den Kirchen nicht als Sonderrecht zu, sondern wie jedem, der diesbezügliche Anträge stellt. Ähnlich ist es mit den Erstattungen des Staates an die Kirchen, z.B. für soziale oder erzieherische Dienste. (Kindergärten, Krankenhäuser usw.) Die Steuerbefreiungen der Kirche (u.a. keine Körperschaftssteuer für die nicht-wirtschaftlichen Bereiche) sind auch kein Sonderrecht, sondern stehen allen öffentlich-rechtlichen Körperschaften zu, auch den nicht-religiösen, z.B. Universitäten.

Einnahmen der Evangelischen Kirche in Deutschland und ihrer Gliedkirchen*		
Einnahmeart	Mio. EUR	Prozent
Kirchensteuer und Gemeindebeitrag*	5.200	50,8
Kollekten, Opfer und Spenden	310	3,0
Entgelte für kirchliche Dienstleistungen (z.B. Elternbeiträge in Kindereinrichtungen, Schulgeld, Friedhofswesen, sonstige Erträge)	1.260	12,3
Vermögenseinnahmen (Mieten, Pachten, Kapitalerträge)	750	7,3
Fördermittel und Zuschüsse von Dritten	1.900	18,6
Investitionszuschüsse	50	0,5
Staatsleistungen	264	2,6
Sonstiges (Darlehen, Rücklagen)	500	4,9
Einnahmen insgesamt	10.234	100,0

* Stand 2013, geschätzt auf Basis der Erhebung 2005.

Aufgaben der Evangelischen Kirche in Deutschland und ihrer Gliedkirchen und deren Kosten*		
Aufgabenbereich	Mio. EUR	Prozent
Pfarrdienst und Religionsunterricht	2.000	19,5
Allgemeine Gemeindearbeit; Arbeit mit Kindern und Jugendlichen	1.220	11,9
Besondere kirchliche Dienste	180	1,8
Kindertagesstätten (ohne Gebäudekosten)	1.900	18,6
Gemeindediakonische Arbeit	550	5,4
Friedhofswesen	180	1,8
Ökumene und Weltmission	170	1,7
Öffentlichkeitsarbeit	80	0,8
Bildungswesen und Wissenschaft	230	2,3
Leitung und Verwaltung	800	7,8
Substanzerhaltungsrücklagen, Darlehen, Vermögensverwaltung	330	3,2
Unterhaltung und Pflege der Gebäude	1.040	10,2
Kosten der Kirchensteuerverwaltung	171	1,7
Versorgung	650	6,4
sonstige Ausgaben (u.a. Zins und Tilgung; Rücklagen)	733	7,2
Ausgaben insgesamt	10.234	100,0

* Stand 2013, geschätzt auf Basis der Erhebung 2005.

RECHTSSUBJEKT

Nach kanonischem (katholischem) Recht: Rechtssubjekt ist der oder die, die getauft wurde (natürliche Person). Ungetaufte haben aber auch Rechte, z.B. das auf ein kirchliches Begräbnis. Ungetaufte haben zuweilen auch ein Klagerecht vor Kirchengerichten in kirchlichen Angelegenheiten, z.B. wenn sie einen katholischen Priester heiraten wollen.

Juristische Person nach kanonischem Recht = eine nicht natürliche Person als Trägerin von Rechten und Pflichten, z.B. ein katholischer, kanonischer Verein, eine katholische Hochschule (CIC 113 § 2). Nur die Katholische Kirche hat eine derartige differenzierte Lehre aus dem Römischen Recht entwickelt, was z.T. ins BGB überging.

Analog die kirchliche (katholische) Lehre vom Verwaltungsakt (in) der Kirche, gegen den das Rechtssubjekt ggf. klagen kann. Das staatliche und kirchliche Handeln im Einzelfall wird als Verwaltungsakt bezeichnet, das nur aufgrund der Ermächtigung in einem Gesetz wirken kann. Die Definition eines Verwaltungsaktes ist bedeutsam, da nur gegen einen evt. rechtswidrigen Verwaltungsakt geklagt werden kann. Die Klagemöglichkeit bezieht sich eher auf das administrative Handeln der Kirche (z.B. Schließung eines katholischen Kindergartens), nicht auf das sakramentale Handeln. Es gibt hierzu diözesane Streitschlichtungs- und Schiedsstellen sowie natürlich auch die kirchliche Arbeitsgerichtsbarkeit. (Siehe auch Stichwort: *Klagebefugnis*).

RELIGIONSUNTERRICHT

Ermächtigung:
Art. 7 garantiert den Religionsgemeinschaften den Religionsunterricht an staatlichen Schulen in der Trägerschaft der Religionsgemeinschaften, die auch über den Inhalt entscheiden, ebenso Garantie der (religiösen) Bekenntnisschulen (siehe dort), allerdings nur unter Aufsicht des Staates, der u.a. die Verfassunsgemäßheit und die Beachtung der Grundrechte (z.B. Willkürverbot bei der Notenvergabe) kontrollieren muss. In Bremen, Brandenburg und Berlin ist, u.a. mangels religiöser Schüler, Religionsunterricht kein Pflicht-, sondern nur ein freiwilliges Wahlfach für interessierte Schüler an staatlichen Schulen. Statt des Religionsunterrichts ist das Fach „Ethik" hier allerdings Pflichtfach. So hat es das Bundesverfassungsgericht als Kompromiss vorgeschlagen. Man kann ja nicht-religiöse Schüler nicht zum Religionsunterricht verpflichten, da sie in weltanschaulichen Fragen ab dem 14. Lebensjahr mündig sind.

„Art. 7 GG

(1) Das gesamte Schulwesen steht unter der Aufsicht des Staates.
(2) Die Erziehungsberechtigten haben das Recht, über die Teilnahme des Kindes am Religionsunterricht zu bestimmen.
(3) Der Religionsunterricht ist in den öffentlichen Schulen mit Ausnahme der bekenntnisfreien Schulen ordentliches Lehrfach. Unbeschadet des staatlichen Aufsichtsrechtes wird der Religionsunterricht in Übereinstimmung mit den Grundsätzen der Religionsgemeinschaften erteilt. Kein Lehrer darf gegen seinen Willen verpflichtet werden, Religionsunterricht zu erteilen.
(4) Das Recht zur Errichtung von privaten Schulen wird gewährleistet. Private Schulen als Ersatz für öffentliche Schulen bedürfen der Genehmigung des Staates und unterstehen den Landesgesetzen. Die Genehmigung ist zu erteilen, wenn die privaten Schulen in ihren Lehrzielen und Einrichtungen sowie in der wissenschaftlichen Ausbildung ihrer Lehrkräfte nicht hinter den öffentlichen Schulen zurückstehen und eine Sonderung der Schüler nach den Besitzverhältnissen der Eltern nicht gefördert wird. Die Genehmigung ist zu versagen, wenn die wirtschaftliche und

rechtliche Stellung der Lehrkräfte nicht genügend gesichert ist. (...).“

Der dann realisierte Vorschlag des Bundesverfassungsgerichts zum Religionsunterricht in Brandenburg lautet wie folgt:

„Religionsunterricht in der Schule wird in der Regel ab 12 Teilnehmern durchgeführt und in den normalen Stundenplan integriert. Durch die zeitliche Gestaltung soll die Möglichkeit zur gleichzeitigen Teilnahme am LER- und am Religionsunterricht nicht ausgeschlossen werden.

- Lehrern, die auch Religionsunterricht erteilen, wird dieser auf das wöchentliche Lehrdeputat angerechnet. Religionspädagogische Fortbildung wird ermöglicht.
- Beauftragte der Kirchen, die Religionsunterricht erteilen, ohne staatliche Lehrer zu sein, können an den Lehrerkonferenzen etc. teilnehmen.
- Religionsunterricht wird benotet, sofern die Kirchen oder Religionsgemeinschaften dies wollen. Die Note wird auf Antrag in das Zeugnis aufgenommen. Ihre Bedeutung für die Versetzung und für den Erwerb von Abschlüssen kann in der einschlägigen Rechtsverordnung bestimmt werden.
- Das Land Brandenburg beteiligt sich finanziell an den Kosten des Religionsunterrichtes.
- Die Abmeldung vom Fach LER ist bei Teilnahme am Religionsunterricht durch einfache Erklärung gegenüber der Schule möglich.
- Es wird eine Schiedsstelle eingerichtet, die Meinungsverschiedenheiten über den Vollzug der Vorschriften über das Fach LER und den Religionsunterricht ausräumen soll.“ [Presseerklärung BVerfG 11.12.2001].

Der Staat darf z.B. auch nicht Ersatz/Privatschulen verbieten, die nur Jungenschulen sind.

„(2) Die Verinnerlichung der Gleichberechtigung der Geschlechter durch die Schüler zählt aufgrund ihres engen Bezugs zu Art. 3 Abs. 2 GG zu denjenigen Erziehungszielen, die von dem im Urteil des Senats vom 19. Februar 1992 entfalteten Mindeststandard umfasst sind und folglich auch gegenüber Ersatzschulträgern Verbindlichkeit beanspruchen. Die vom Beklagten im Revisionsverfahren vorgetragene Auffassung, die ‚Persönlichkeitsentwicklung hin zur sozialen Kompetenz gegenüber dem jeweils anderen Geschlecht (kann) nur im werteorientierten Miteinander stattfinden', lässt in dieser Hinsicht allerdings eine Klarstellung geboten erscheinen. Die staatlichen Einwirkungsbefugnisse gegenüber Ersatzschulen im Bereich von Erziehungsbelangen schließen nicht das Recht ein, die Frage der Erlernbarkeit praktischer Alltagsfähigkeiten wie beispielsweise der Fähigkeit zu einem unbefangenen bzw. unverkrampften Umgang mit Angehörigen des anderen Geschlechts in die Genehmigungsprüfung einzubeziehen. Eine solche Fähigkeit mag bei natürlicher Betrachtung als Ausweis ‚sozialer Kompetenz' aufzufassen sein, verkörpert aber keine Wert- und Ordnungsvorstellung, wie sie für den Erziehungsbegriff kennzeichnend ist, von dem im Rahmen von Art. 7 Abs. 4 Satz 3 GG ausgegangen werden muss. Sollte der Beklagte mit ‚sozialer Kompetenz' die Einprägung bestimmter materieller Leitbilder zum Geschlechterverhältnis verbinden, wäre ihm entgegenzuhalten, dass – jenseits des formalen Postulats der Gleichberechtigung – über den Inhalt solcher Leitbilder und die aus ihnen zu folgernden Einstellungs- und Verhaltensanforderungen bis hin zur Verpflichtung auf bestimmte partnerschaftliche Rollenmodelle innerhalb der Gesellschaft unterschiedliche Anschauungen verbreitet sind. Es bedarf hier keiner Klärung, inwiefern der Staat unter Berücksichtigung des elterlichen Erziehungsrechts (Art. 6 Abs. 2 Satz 1 GG) berechtigt ist, einzelne solcher Anschauungen in der Weise für sich zu vereinnahmen, dass er sie für den Bereich des öffentlichen Schulwesens als Erziehungsziel ausformuliert und dort den Schulen verbindlich vorgibt. Im Bereich des Privatschulwesens überschritte der Staat jedenfalls seine Bestimmungsmacht in Erziehungsfragen, würde er sich in seinen Vorgaben nicht auf das beschränken, was als Wert- und Ordnungsvorstellung schon kraft verfassungsrechtlicher Vorgaben, mindestens aber aufgrund eines allgemein für verbindlich erachteten gesellschaftlichen Minimalkonsenses zweifelsfrei nicht Gegenstand legitimer abweichender Betrachtung sein kann. Mit darüber hinausgehenden Vorgaben würde der Staat Position zu weltanschaulichen Streitfragen beziehen und damit die

Gestaltungsfreiheit des privaten Schulträgers in einer Weise einschränken, die dem Staat jedenfalls im Wirkbereich des Art. 7 Abs. 4 GG verwehrt ist.

cc. Die Einschätzung des Beklagten, wonach die Monoedukation im Gegensatz zur Koedukation in tatsächlicher Hinsicht nicht hinreichend eine Verinnerlichung der Gleichberechtigung der Geschlechter durch die Schüler gewährleiste, kann keinen Vorrang vor der entgegenstehenden Einschätzung des Klägers beanspruchen und daher die Genehmigungsversagung nicht tragen.

(1) Dem Kläger ist freilich nicht darin zu folgen, dass die monoedukative Schulausrichtung schon deshalb nicht in die Prüfung der Gleichwertigkeit hinsichtlich der Lehrziele einbezogen werden dürfe, weil sie bei natürlicher Betrachtung kein Ziel, sondern ein Instrument darstelle. Zwar geht er im Grundsatz Recht mit seiner dahinter stehenden Annahme, Art. 7 Abs. 4 Satz 3 GG könne leerlaufen, dürften Schulgesetzgeber oder Schulverwaltung beliebige Regelungsanliegen als Lehrziel bzw. Erziehungsziel deklarieren, die dies begrifflich in Wahrheit nicht sein können. Dieser Einwand führt jedoch im vorliegenden Fall am Kern des Problems vorbei. Der Verinnerlichung der Gleichberechtigung der Geschlechter ist nach dem Vorgesagten die Qualität eines im Rahmen von Art. 7 Abs. 4 Satz 3 GG rechtlich verbindlichen Erziehungsziels nicht abzusprechen. Weiter liegt auf der Hand, dass die Internalisierung von Wert- und Ordnungsvorstellungen – nicht anders übrigens als der Erwerb fachlicher Kenntnisse – zuweilen in einem untrennbaren Zusammenhang mit den methodischen und organisatorischen Rahmenbedingungen steht, unter denen der Unterricht veranstaltet wird. Der Schulbehörde darf der Einbezug solcher Rahmenbedingungen in die Genehmigungsprüfung nicht prinzipiell verwehrt sein, soll die staatliche Bestimmungsmacht im Bereich von Erziehungsfragen nicht von vornherein auf die Abwehr eklatanter, bereits auf Ebene der Zieldefinition des privaten Schulträgers zu Tage tretender Defizite beschränkt sein. Rechtfertigt schon eine bestimmte Methode oder Organisationsmodalität des Unterrichts wegen der hiervon ausgehenden Wirkungen auf die Schüler den Schluss, dass ein der Privatschule verbindlich vorgegebenes Erziehungsziel nicht erreicht werden kann, steht diese im Sinne von Art. 7 Abs. 4 Satz 3 GG in ihren

Lehrzielen hinter öffentlichen Schulen zurück und ist ihr daher die Genehmigung als Ersatzschule zu versagen.

(2) Bei der Anwendung dieser Maßgabe muss allerdings berücksichtigt werden, dass die Freiheit der Methoden- und Formenwahl die Essenz der Privatschulfreiheit bildet. Der Wortlaut von Art. 7 Abs. 4 Satz 3 GG macht dies darin kenntlich, dass die Genehmigungsfähigkeit als Ersatzschule erst im Falle eines ‚Zurückstehens' ausgeschlossen und damit von einer bloßen Ergebnisäquivalenz abhängig gemacht wird. Art. 7 Abs. 4 Satz 3 GG bezweckt nicht, die inhaltliche Einheit des Schulwesens zu sichern, sondern Schüler von Ersatzschulen vor einem ungleichwertigen Schulerfolg bzw. die Allgemeinheit vor unzureichenden Bildungseinrichtungen zu schützen [vgl. Urteil vom 13. Dezember 2000 a.a.O. S. 268 bzw. 125; BVerfG, Beschluss vom 8. Juni 2011 a.a.O. Rn. 15; stRspr.]. Es ist gerade Kennzeichen der Privatschulen, dass in ihnen ein eigenverantwortlich geprägter und gestalteter Unterricht erteilt wird, auch in Bezug auf die Lehrmethode [BVerfG, Beschluss vom 14. November 1969 a.a.O. S. 200 f.; stRspr.]. Die Benachteiligung von Privatschulen allein wegen ihrer andersartigen Erziehungsformen verbietet sich daher [BVerfG, a.a.O. S. 201]. Die Verfassung berücksichtigt hiermit unter anderem die Bezüge der Privatschulfreiheit zum elterlichen Erziehungsrecht aus Art. 6 Abs. 2 Satz 1 GG [BVerfG, Beschluss vom 16. Dezember 1992 – 1 BvR 167/87 – BVerfGE 88, 40 <46>] und bekennt sich zu einem schulischen Pluralismus, der in dem Offensein für die Vielfalt der Formen und Inhalte, in denen Schule sich darstellen kann, zum Ausdruck kommt [BVerfG, Beschluss vom 9. März 1994 – 1 BvR 682, 712/88 – BVerfGE 90, 107 <116>].

(3) Vor diesem Hintergrund sind der Versagung einer Ersatzschulgenehmigung wegen der erzieherischen Wirkungen von methodischen und organisatorischen Rahmenbedingungen des Unterrichts hohe Hürden gesetzt. Die Freiheit des privaten Schulträgers schließt grundsätzlich ein, sich für Methoden und Organisationsformen des Unterrichts entscheiden zu dürfen, die in der schulpädagogischen Fachwelt kontrovers erörtert werden und deren erzieherische Ebenbürtigkeit mit Standards öffentlicher Schulen wissenschaftlich nicht erwiesen ist oder sogar von einzelnen Lehrmeinungen mit beachtlichen

Gründen in Zweifel gezogen wird. Sie muss grundsätzlich auch die Wahl von Festlegungen ermöglichen, die von den staatlich Verantwortlichen für den Bereich des öffentlichen Schulwesens bewusst verworfen wurden. Wäre der private Schulträger auf Methoden und Organisationsformen beschränkt, die unter dem Gesichtspunkt ihrer erzieherischen Auswirkungen – für sich genommen wie im Hinblick auf ihre Ebenbürtigkeit mit den Standards öffentlicher Schulen – auf Seiten der Fachwelt wie der staatlichen Schulpolitik einhellig gutgeheißen werden, würde Art. 7 Abs. 4 GG letztlich kaum mehr als den bloßen Betrieb einer Privatschule gewährleisten. Die Freiheit der Methoden und Formenwahl muss gerade auch als Freiheit der schulpädagogischen Beurteilung verstanden werden, um der grundrechtlichen Gewährleistung volle Wirksamkeit zu verschaffen. Der private Schulträger darf die Schulgestaltung daher grundsätzlich anhand derjenigen Annahmen über pädagogische Wirkungszusammenhänge vornehmen, die er selbst für fachlich überzeugend hält. Eine diesbezügliche Korrektivfunktion verortet die Verfassung nicht in erster Linie bei der staatlichen Schulaufsicht, sondern bei den Eltern, die in Wahrnehmung ihres Erziehungsrechts (Art. 6 Abs. 2 Satz 1 GG) darüber zu entscheiden haben, ob sie ihr Kind einer Schule anvertrauen, die auf solchen Annahmen aufbaut." [BVerwG 6 C 6.12].

SELBSTBSTIMMUNGSRECHT DER RELIGIONSGEMEINSCHAFTEN

Ermächtigung:
Art. 140 GG: „Kirchenfreiheit". D.h., jede RG kann ihre Angelegenheiten selbst regeln. Das Handeln der RG kann z.B. bis zur Amtsenthebung eines Pfarrers durch Kirchengerichte gehen. „Das Dienstrecht der Geistlichen und Beamten gehört zum Kernbereich des Selbstbestimmungsrechts einer Religionsgesellschaft. In diesem Bereich ist die Kontrolle durch die staatlichen Gerichte darauf beschränkt, ob die angegriffene Maßnahme gegen die in Art. 79 Abs. 3 GG umschriebenen fundamentalen Verfassungsprinzipien verstößt. In dienstrechtlichen Angelegenheiten muss vor Anrufung des staatlichen Gerichts ein von der Religionsgesellschaft eröffneter eigener Rechtsweg erfolglos beschritten sein. Scheidet ein Geistlicher oder Beamter aus dem Dienstverhältnis mit einer Religionsgesellschaft aus, muss diese aufgrund ihrer aus dem Sozialstaatsgebot (Art. 20 Abs. 1 GG) folgenden Fürsorgepflicht für eine ausreichende soziale Absicherung des bisherigen Bediensteten Sorge tragen." [BVerwG 2 C 19.12].

Art. 140 GG verweist auf die Bestimmungen der Weimarer Verfassung:

Art. 136

(1) Die bürgerlichen und staatsbürgerlichen Rechte und Pflichten werden durch die Ausübung der Religionsfreiheit weder bedingt noch beschränkt.
(2) Der Genuß bürgerlicher und staatsbürgerlicher Rechte sowie die Zulassung zu öffentlichen Ämtern sind unabhängig von dem religiösen Bekenntnis.
(3) Niemand ist verpflichtet, seine religiöse Überzeugung zu offenbaren. Die Behörden haben nur soweit das Recht, nach der Zugehörigkeit zu einer Religionsgesellschaft zu fragen, als davon Rechte und Pflichten abhängen oder eine gesetzlich angeordnete statistische Erhebung dies erfordert.
(4) Niemand darf zu einer kirchlichen Handlung oder Feierlichkeit oder zur Teilnahme an religiösen Übungen oder zur Benutzung einer religiösen Eidesform gezwungen werden.

Art. 137

(1) Es besteht keine Staatskirche.
(2) Die Freiheit der Vereinigung zu Religionsgesellschaften wird gewährleistet. Der Zusammenschluß von Religionsgesellschaften innerhalb des Reichsgebiets unterliegt keinen Beschränkungen.
(3) Jede Religionsgesellschaft ordnet und verwaltet ihre Angelegenheiten selbständig innerhalb der Schranken des für alle geltenden Gesetzes. Sie verleiht ihre Ämter ohne Mitwirkung des Staates oder der bürgerlichen Gemeinde.
(4) Religionsgesellschaften erwerben die Rechtsfähigkeit nach den allgemeinen Vorschriften des bürgerlichen Rechtes.
(5) Die Religionsgesellschaften bleiben Körperschaften des öffentlichen Rechtes, soweit sie solche bisher waren. Anderen Religionsgesellschaften sind auf ihren Antrag gleiche Rechte zu gewähren, wenn sie durch ihre Verfassung und die Zahl ihrer Mitglieder die Gewähr der Dauer bieten. Schließen sich mehrere derartige öffentlich-rechtliche Religionsgesellschaften zu einem Verbande zusammen, so ist auch dieser Verband eine öffentlich-rechtliche Körperschaft.
(6) Die Religionsgesellschaften, welche Körperschaften des öffentlichen Rechtes sind, sind berechtigt, auf Grund der bürgerlichen Steuerlisten nach Maßgabe der landesrechtlichen Bestimmungen Steuern zu erheben.
(7) Den Religionsgesellschaften werden die Vereinigungen gleichgestellt, die sich die gemeinschaftliche Pflege einer Weltanschauung zur Aufgabe machen.
(8) Soweit die Durchführung dieser Bestimmungen eine weitere Regelung erfordert, liegt diese der Landesgesetzgebung ob.

Art. 138

(1) Die auf Gesetz, Vertrag oder besonderen Rechtstiteln beruhenden Staatsleistungen an die Religionsgesellschaften werden durch die Landesgesetzgebung abgelöst. Die Grundsätze hierfür stellt das Reich auf.
(2) Das Eigentum und andere Rechte der Religionsgesellschaften und religiösen Vereine an ihren für Kultus-, Unterrichts- und

Wohltätigkeitszwecke bestimmten Anstalten, Stiftungen und sonstigen Vermögen werden gewährleistet.

Art. 139

Der Sonntag und die staatlich anerkannten Feiertage bleiben als Tage der Arbeitsruhe und der seelischen Erhebung gesetzlich geschützt.

Art. 141

Soweit das Bedürfnis nach Gottesdienst und Seelsorge im Heer, in Krankenhäusern, Strafanstalten oder sonstigen öffentlichen Anstalten besteht, sind die Religionsgesellschaften zur Vornahme religiöser Handlungen zuzulassen, wobei jeder Zwang fernzuhalten ist.

Formelle Rechtmäßigkeit:

Die innerkirchlichen und grundrechtlichen Verfahrensregeln müssen eingehalten werden, z.B. die Anhörungsrechte des Betroffenen. Dabei hat das innerkirchliche vor dem staatlichen Verfahren (zeitlichen) Vorrang, es sei denn, es handelt sich um besonders eilbedürftige, grundlegende Verfahren.

Materielle Rechtmäßigkeit:

Die Grundrechte und Bestimmungen des StGB dürfen durch das innerkirchliche Handeln nicht tangiert werden. Auch die innere Gerichtsbarkeit der RG ist beschränkt*:* „(...) Danach können auch Geistliche oder Beamte einer Religionsgesellschaft, die von ihrer Dienstherrenfähigkeit Gebrauch gemacht hat, staatliche Gerichte anrufen, wenn und soweit sie geltend machen, ein Akt ihrer Religionsgesellschaft habe sie in ihren Rechten verletzt [v. Campenhausen/de Wall, Staatskirchenrecht, 4. Aufl. 2006, § 37 S. 311]. Das verfassungsrechtlich geschützte Selbstbestimmungsrecht der Religionsgesellschaften gemäß Art. 140 GG i.V.m. Art. 137 Abs. 3 WRV schließt nicht bereits den Zugang zu den staatlichen Gerichten aus, sondern bestimmt Umfang und Intensität der Prüfung des Aktes der Religionsgesellschaft durch das staatliche Gericht." [BVerwG 2 C 19.12].

Die Parlamente können auch durch allgemeine Gesetze die Rechte der RG als öffentlich-rechtliche Körperschaften einschränken oder sie auf bloße Vereine reduzieren. Die Autonomie jedes Vereinshandelns im Rahmen der Gesetze muss allerdings immer gewährleistet sein.

Rechtsprechung:
„Soweit sich die Schutzbereiche der Glaubensfreiheit und der inkorporierten Artikel der Weimarer Reichsverfassung überlagern, geht Art. 140 GG in Verbindung mit Art. 137 Abs. 3 WRV als speziellere Norm Art. 4 Abs. 1 und 2 GG insoweit vor, als er das Selbstbestimmungsrecht der Religionsgesellschaften der Schranke des für alle geltenden Gesetzes unterwirft (sog. Schrankenspezialität). Bei der Anwendung des für alle geltenden Gesetzes durch die staatlichen Gerichte ist bei Ausgleich gegenläufiger Interessen aber dem Umstand Rechnung zu tragen, dass Art. 4 Abs. 1 und 2 GG die korporative Religionsfreiheit vorbehaltlos gewährleistet und insofern dem Selbstbestimmungsrecht und dem Selbstverständnis der Religionsgesellschaften besonderes Gewicht zuzumessen ist.

Das kirchliche Selbstbestimmungsrecht umfasst alle Maßnahmen, die der Sicherstellung der religiösen Dimension des Wirkens im Sinne kirchlichen Selbstverständnisses und der Wahrung der unmittelbaren Beziehung der Tätigkeit zum kirchlichen Grundauftrag dienen. Die Formulierung des kirchlichen Proprium obliegt allein den Kirchen und ist als elementarer Bestandteil der korporativen Religionsfreiheit durch Art. 4 Abs. 1 und 2 GG verfassungsrechtlich geschützt.

Die staatlichen Gerichte haben im Rahmen einer Plausibilitätskontrolle auf der Grundlage des glaubensdefinierten Selbstverständnisses der verfassten Kirche zu überprüfen, ob eine Organisation oder Einrichtung an der Verwirklichung des kirchlichen Grundauftrags teilhat, ob eine bestimmte Loyalitätsobliegenheit Ausdruck eines kirchlichen Glaubenssatzes ist und welches Gewicht dieser Loyalitätsobliegenheit und einem Verstoß hiergegen nach dem kirchlichen Selbstverständnis zukommt. Sie haben sodann unter dem Gesichtspunkt der Schranken des ‚für alle geltenden Gesetzes' eine Gesamtabwägung vorzunehmen, in der die – im Lichte des Selbstbestimmungsrechts der Kirchen verstandenen – kirchlichen Belange und die korporative Religionsfreiheit mit den Grundrechten der betroffenen Arbeitnehmer und deren in den allgemeinen arbeitsrechtlichen Schutzbestimmungen enthaltenen Interessen auszugleichen sind. Die widerstreitenden Rechtspositionen sind dabei jeweils in möglichst hohem Maße zu verwirklichen." [BVerfG – 2 BvR 661/12].

STRAFTATEN GEGEN RELIGIONEN UND WELTANSCHAUUNGEN

Ermächtigung: Sie werden in den §§ 166-168 StGB geregelt.

§ 166 Beschimpfung von Bekenntnissen, Religionsgesellschaften und Weltanschauungsvereinigungen

(1) Wer öffentlich oder durch Verbreiten von Schriften (§ 11 Abs. 3) den Inhalt des religiösen oder weltanschaulichen Bekenntnisses anderer in einer Weise beschimpft, die geeignet ist, den öffentlichen Frieden zu stören, wird mit Freiheitsstrafe bis zu drei Jahren oder mit Geldstrafe bestraft.

(2) Ebenso wird bestraft, wer öffentlich oder durch Verbreiten von Schriften (§ 11 Abs. 3) eine im Inland bestehende Kirche oder andere Religionsgesellschaft oder Weltanschauungsvereinigung, ihre Einrichtungen oder Gebräuche in einer Weise beschimpft, die geeignet ist, den öffentlichen Frieden zu stören.

Prüfschema:

OBJEKTIVER TATBESTAND

- *Tatbestandsmerkmale*: *Gefährdung des öffentlichen Friedens* (z.B. Unruhen, Gewaltanwendung), Tatbestand ist nicht der Schutz der Religion (liberales StGB, Staat soll nur möglichst wenig in die Freiheitsrechte eingreifen). Es reicht schon die abstrakte Gefährdung, eine tatsächliche Gefahr muss nicht vorliegen (aus der Sicht eines objektiven Betrachters, nicht des Betroffenen oder Klägers!). Die Gefährdung muss nur geeignet sein, den Frieden zu stören.
- *Rechtsprechung*: „Eine Friedensstörung ist nicht erst mit dem Entstehen eines Klimas offener oder latenter Feindschaft anzunehmen, das sich jederzeit in Gewalt und Gegengewalt entladen kann, sondern schon dann, wenn Menschen nicht mehr in einer Gesellschaft leben können, ohne befürchten zu müssen, um ihres Glaubens willen diskriminiert zu werden und Schmähungen ausgesetzt zu sein, gegen die man sich letztlich

nicht wehren kann. Eben dies erscheint hier, besonders für den Einzelnen, der Fall, der sich – betroffen in der Herabsetzung seines Glaubens – kaum gegen die zahlreiche Publikation eines bekannten Magazins zur Wehr setzen können wird. Dabei ist besonders zu berücksichtigen, dass die gegenseitige (auch religiöse) Toleranz als Wesenmerkmal des gesellschaftlichen Lebens betroffen ist, sei es in der Form mangelnden Respekts oder gar in der Befürchtung, dass zu weiteren intoleranten Äußerungen im Zuge zunehmender Intoleranz aufgerufen wird.“ [OLG Nürnberg, Ws 1603/97].

- *Merkmal*: Beschimpfen, d.h. eine despektierliche, miss- und verachtende Äußerung oder ein entsprechendes Verhalten (z.B. Hintern zeigen). Religion und Weltanschauung sind geistige Gebilde, die zum Kern einer Person gehören. Das Beschimpfen muss nicht an die gerichtet sein, die den Frieden gefährden. Diese können das auch anderswoher erfahren haben bzw. das kann erwartet werden, vom Standpunkt eines objektiven, nicht besonders empfindlichen Betrachters aus gesehen. Also: Die Perspektive des Gläubigen entscheidet nicht über Beschimpfen usw. Dann kämen zu viele ins Gefängnis!! Denn die Freiheit, seine Meinung zu äußern oder gesicherte Tatsachen sagen zu dürfen (Art. 5 GG), darf nicht berührt werden. Demgemäß ist das strafrechtliche Verbot von Beleidigung (Niedrigmachen eines Anderen) und Verleumdung (falsche Tatsachenbehauptung über einen Anderen) stets abzuwägen mit dem Recht aus Art. 5 GG, der auch diesbezüglich die Freiheit von Kunst, Wissenschaft und Lehre sichert. Der Jugendschutz muss insbesondere seitens der Medien und anderer Meinungsäußerer beachtet werden.

SUBJEKTIVER TATBESTAND

- Es reicht bedingter Vorsatz: Man nimmt es in Kauf, sowohl bei der Gefährdung als auch bei der Beschimpfung. Als liberaler Christ sollte man hier jedoch sehr vorsichtig sein, den bedingten Vorsatz anzunehmen, da andernfalls schnell die demokratische Auseinandersetzung gefährdet ist (siehe Erdogan-Türkei). Denn auch der Christ muss sich der Diskussion stellen.

- Rechtswidrigkeit der Beschimpfung, wenn keine Rechtfertigungsgründe vorliegen.
- „(D)ie Wahrnehmung berechtigter Interessen“ nach § 193 StGB wird für § 166 StGB weitgehend abgelehnt, da nur für § 193 StGB gültig.
- Bei Widersprüchen zwischen Ansprüchen aus Grundrechten (hier z.B. Kunstfreiheit, Art. 5 GG: despektierliche Darstellung von Jesus) und Wahrung der öffentlichen Ruhe (Art. 2 GG) ist schonende, vorsichtige, alles einbeziehende Abwägung erforderlich.
- Schuld des Täters, dem die rechtswidrige Tat persönlich zugerechnet werden können muss.
- Schuldausschließungsgründe, z.B. § 20 StGB: psychische Erkrankung des Täters, Unmündigkeit.
- Irrtümer des Täters, insbesondere Verbotsirrtum = Unkenntnis, dass die Tat strafbar ist z.B.

Ggf. ist auch der Tatbestand der Beleidigung gegeben, wenn Religionen und Gläubige entehrt werden.

DEUTSCHER BUNDESTAG, 25.4.2002:

„**NORBERT GEIS (CDU/CSU):** Herr Präsident! Meine sehr verehrten Damen und Herren! Die im Parlament geführte Diskussion über die Frage eines besseren Schutzes des religiösen Bekenntnisses wird in der Öffentlichkeit sehr genau verfolgt. Gestern hat der Deutsche Akademikerinnen-Verband Herrn Vizepräsidenten Seiters ein Paket mit über 100 000 Unterschriften übergeben und damit zum Ausdruck gebracht, dass es um einen besseren Schutz des religiösen Bekenntnisses in unserer Gesellschaft gehen muss.

Art. 4 Grundgesetz gewährleistet die freie Religionsausübung. Das ist nicht nur ein Abwehrrecht gegenüber dem Staat, sondern beinhaltet zweifellos und unbestritten auch eine Verpflichtung des Staates zur Gewährleistung dieser freien Religionsausübung. Sie ist aber dann nicht möglich, wenn diejenigen, die die Religion ausüben, ständig damit rechnen müssen, dass sie mit Häme und Hassgefühlen konfrontiert werden. Es gilt das Wort des Sachverständigen und Strafrechtlers Lenckner, der gesagt hat: Jeder soll nach seiner Fasson selig werden, ohne dafür ins Abseits gestellt zu werden. Das ist, wie ich meine, in Deutschland nicht mehr der Fall. Jedenfalls ist dies das Empfinden vieler Christen.

Die Meinungsfreiheit soll überhaupt nicht beeinträchtigt werden. Aber es gibt keine Meinungsfreiheit zur Beschimpfung.

(Beifall bei der CDU/CSU und der FDP)

Meinungsfreiheit und Beschimpfung sind nicht das Gleiche. Es gibt keine Freiheit, die Ehre des anderen, seine Würde zu verletzen. Es gibt keine Freiheit zur Verletzung der Menschenwürde und der Menschenrechte. Aber in der deutschen Gesellschaft wird eine Freiheit in Anspruch genommen, die sehr wohl verletzend wirkt und die auch dazu beiträgt, dass sich viele nicht mehr frei fühlen, in der Öffentlichkeit das christliche Bekenntnis tatsächlich zu leben. Das gilt nicht für den mosaischen Glauben und den Islam. In Deutschland wird jeder, der den mosaischen Glauben oder den Islam verächtlich zu machen versucht, von der Öffentlichkeit ganz entschieden zurückgewiesen und er hat auch mit einer starken Reaktion des Staates zu rechnen. Darüber empfinden wir Genugtuung. Aber es besteht eine seltsame Schizophrenie, wenn es um den christlichen Glauben geht. Hier haben wir nicht die gleiche Situation. Wir erleben immer und immer wieder, wie sehr das Christentum und Symbole von Christen – nicht nur in privaten Zirkeln, nicht nur in Zeitungen mit völlig zu vernachlässigenden Auflagen, sondern in aller Öffentlichkeit – lächerlich gemacht werden. Ich will Ihnen ein paar Beispiele nennen: Ungestraft darf im Hessischen Rundfunk die katholische Kirche als ‚Verbrechersyndikat' dargestellt werden. Die Anzeige des Bischofs von Limburg dagegen wird abgewiesen. Unbehelligt darf der gekreuzigte Jesus Christus als ‚Balkensepp' und ein anderes Mal als ‚Lattengustl' in der Öffentlichkeit beleidigt werden. Die Anzeige gegen ein

Bild auf dem Titelblatt eines Magazins, das den gekreuzigten Christus als Toilettenpapierhalter darstellt, hatte keinen Erfolg. Das Theaterstück ‚Der Vaterschaftsprozess des Zimmermanns Joseph', in welchem der Heilige Geist als Tattergreis, der Erzengel Michael als Schwuler und der Apostel Johannes als Hippie auftreten, kann ungestört aufgeführt werden. Entsprechende Anzeigen bleiben erfolglos. In Köln werden zwei Galeristen freigesprochen, die ein Bild ausgestellt hatten, auf dem eine Nonne dem Gekreuzigten unter den Lendenschurz greift. Entsprechende Anzeigen des Erzbischofs von Köln bleiben erfolglos. Die Anzeigen gegen das Theaterstück ‚Corpus Christi' verpuffen vor dem Argument der Staatsanwaltschaft, der öffentliche Friede sei nicht gefährdet.

Dies hat zu der Bemerkung eines Kirchenmannes aus den neuen Bundesländern geführt, dass so hämisch und widerwärtig noch nicht einmal die SED-Medien mit den christlichen Symbolen und Inhalten umgegangen seien. Die Anzeigen von betroffenen Christen werden von der Staatsanwaltschaft mit dem Hinweis zurückgewiesen, der öffentliche Friede sei nicht gestört. In der Tat haben 90 Prozent aller Anzeigen aus diesem Grund keinen Erfolg gehabt.

Dies führt dazu, dass die Christen im Land und die Kirchen resignieren. Viele haben das Empfinden, dass sie in Deutschland ihren Glauben nicht mehr frei bekennen dürfen, ohne dafür lächerlich gemacht und ins Abseits gestellt zu werden.

(Wolfgang Gehrcke [PDS]: Wo lebt der denn?)

Dies ist in der Tat das Empfinden vieler Menschen draußen im Land. Beide großen Kirchen unterstützen aus diesem Grund den Gesetzentwurf.

(Beifall bei der CDU/CSU sowie des Abg. Hans-Michael Goldmann [FDP])

Aber nicht nur die Christen nehmen an dieser Situation Anstoß. Der Rechtsdezernent des Zentralrates der Juden hat in der Anhörung seine Schockierung darüber zum Ausdruck gebracht, in welcher Weise man in Deutschland mit christlichen Symbolen umgeht. Der Generalsekretär der islamischen Gemeinden hat sich in dieser Anhörung gleichermaßen geäußert. Nach meiner Auffassung liegt, rechtlich gesehen – es gibt viele andere Gründe, das will ich nicht verschweigen –, ein Grund darin, dass im Zuge der Strafrechtsreform von 1969 das Gebot der Toleranz gegenüber den Bekenntnissen von Religion und Weltanschauung in § 166 StGB durch den Schutz des öffentlichen Friedens ersetzt wurde. Es wurde ein neues Schutzgut definiert. Jetzt kann eine Beschimpfung nur noch bestraft werden – es geht nicht um eine Geschmacklosigkeit, es geht auch nicht um Kritik; eine Beschimpfung ist etwas anderes –, wenn dadurch der öffentliche Friede gefährdet wird.

Dies war 1969 noch ziemlich eindeutig; denn damals waren weit über 90 Prozent der Menschen in Deutschland kirchlich gebunden. Damals durfte der Gesetzgeber zweifellos annehmen, dass eine Gefährdung des Friedens gleichbedeutend ist mit der Beschimpfung der christlichen Religion. Heute haben wir aber eine ganz andere Situation. Die Mehrheit der Deutschen ist konfessionslos oder sind erklärte Atheisten. Außerdem haben wir drei Millionen Muslims und eine Zunahme des mosaischen Glaubens.

(Christa Nickels [BÜNDNIS 90/DIE GRÜNEN]: Das stimmt überhaupt nicht!)

Auf jeden Fall haben wir eine entschieden andere Situation – das wird niemand bestreiten – als 1969. Der Gesetzgeber ist damals also von anderen Voraussetzungen ausgegangen. Er hat gesagt, die Störung des öffentlichen Friedens ist im Grunde gleichbedeutend mit der Verunglimpfung, denn wenn jemand den christlichen Glauben verunglimpft, verunglimpft er den Glauben von über 90 Prozent der Deutschen. Heute ist das nicht mehr der Fall. Man mag sich über die Zahlen streiten. Ich habe nicht nachgeforscht, ob die Zahlen, die mir genannt worden sind, richtig sind. Auf jeden Fall sinkt die Zahl der Christen dramatisch. Wir haben längst nicht mehr so viele Christen im Land wie 1969.

Wenn sich diese Situation geändert hat, dann muss sich natürlich auch der Gesetzgeber Gedanken darüber machen. Er kann diese Situation nicht einfach an sich vorbeigehen lassen.

(Joachim Stünker [SPD]: Das ist ein gefährliches Argument!)

Ich bin deshalb der Meinung, Herr Stünker, dass das alte Gebot der Toleranz sehr wohl wieder in das Gesetz aufgenommen werden kann. Ich bin der Meinung, dass in einer freiheitlichen Gesellschaft Toleranz eine der Voraussetzungen dafür ist, dass sie überhaupt funktionieren kann. (...)."

----

§ 167 Störung der Religionsausübung

(1) Wer
   1. den Gottesdienst oder eine gottesdienstähnliche Handlung einer im Inland bestehenden Kirche oder anderen Religionsgesellschaft absichtlich und in grober Weise stört oder
   2. an einem Ort, der dem Gottesdienst einer solchen Religionsgesellschaft gewidmet ist, beschimpfenden Unfug verübt,

   wird mit Freiheitsstrafe bis zu drei Jahren oder mit Geldstrafe bestraft.

(2) Dem Gottesdienst stehen entsprechende Feiern einer im Inland bestehenden Weltanschauungsvereinigung gleich.

Rechtsprechung:

„Am 25.12.2014 begab die Angeklagte sich etwa 1 ½ Stunden vor Beginn der Weihnachtsmesse an diesem Tag in den Kölner Dom und setzte sich dort in die erste Reihe. Sie war im Wesentlichen mit einem schwarzen Mantel, einem schwarzen Slip und Stiefeln bekleidet. In der ersten Sitzreihe wartete sie den Beginn der Weihnachtsmesse ab. Nach dem Einzug des Kölner Erzbischofs Joachim Kardinal Meisner und der kirchlichen Würdenträger, die an einem solchen Hauptgottesdienst oder Pontifikalamt teilnehmen, entledigte sich die Angeklagte ihres schwarzen Mantels und der Stiefel und stürmte aus der ersten Reihe über die Begrenzung in den Altarraum und sprang auf den geweihten Altartisch, wobei sie zu diesem Zeitpunkt nur noch mit einem schwarzen Slip bekleidet war. Auf dem Altar stehend, wendete sie sich den

Gottesdienstbesuchern zu und begann damit, das von der Aktivistengruppierung ‚Femen' herausgegebene antichristliche Glaubensbekenntnis zu skandieren, wobei sie sich den Schriftzug ‚I AM GOD' in großen, auch in einiger Entfernung noch deutlich sichtbaren, Buchstaben auf die entblößte Brust geschrieben hatte. Nach wenigen Sekunden konnte die Angeklagte durch die anwesenden Domschweizer vom Altartisch gezogen werden, wobei sie weiter lauthals Parolen skandierte und damit die Fortsetzung des Gottesdienstes weiter nachhaltig verhinderte. Dabei lief sie weiterhin mit nacktem Oberkörper vom Altarbereich in Richtung der Gottesdienstbesucher und skandierte erneut Teile des antichristlichen Glaubensbekenntnisses der Aktivistengruppierung ‚Femen'. Unmittelbar vor den Bänken der Gottesdienstbesucher konnte sie dann von den Domschweizern ergriffen und an Händen und Füßen in die vom Innenraum des Domes baulich separierte Hubertuskapelle getragen bzw. gezogen werden. Der Gottesdienst konnte sodann nach dieser etwa 2 Minuten dauernden Störung fortgesetzt werden.

Die Angeklagte handelte nach ihren eigenen Bekundungen in der Hauptverhandlung bei dieser Aktion in der Absicht, gegen die frauenfeindliche Haltung der katholischen Kirche und eines ihrer höchsten Würdenträger, des Erzbischofs Joachim Kardinal Meisner aus Köln, zu protestieren und aufmerksam zu machen. Es sei nicht ihr Ziel gewesen, den Gottesdienst zu stören oder andere in ihrer Religionsausübung zu beeinträchtigen.

Diese Feststellungen beruhen auf dem glaubhaften Geständnis der Angeklagten in der Hauptverhandlung sowie den weiteren, ausweislich des Protokolls, zum Gegenstand der Hauptverhandlung gemachten Beweismitteln.

Die Angeklagte hat sich durch ihr Verhalten der Störung der Religionsausübung im Sinne des § 167 Abs. 1 Nr. 1 StGB schuldig gemacht. Die Angeklagte hat durch ihr Verhalten am 25.12.2013 im Kölner Dom den Weihnachtsgottesdienst der katholischen Kirche in Köln in seinem zeitlichen Ablauf, für einige Minuten aber auch die religiösen Gefühle der Besucher dieses Gottesdienstes in massiver Weise gestört und damit den

Gottesdienst einer im Inland bestehenden Kirche in grober Weise gestört. Dies zeigen auch die zahlreichen Strafanzeigen der Gottesdienstbesucher, die darin ihrer Empörung über das Verhalten der Angeklagten im Weihnachtsgottesdienst Ausdruck gegeben haben. Es bedarf auch keiner weiteren Erörterung, dass die Angeklagte den Weihnachtsgottesdienst durch ihr Verhalten in grober Weise im Sinne des § 167 Abs. 1 Nr. 1 StGB gestört hat. Wer nahezu unbekleidet mit nackter Brust und dem darauf befindlichen Schriftzug ‚I AM GOD' auf den Altar des Kölner Doms springt, um anschließend ein antichristliches Glaubensbekenntnis zu skandieren, der stört den gerade stattfindenden Gottesdienst in einer nicht mehr zu überbietenden Art und Weise.

Die Angeklagte hat diese grobe Störung des Weihnachtsgottesdienstes am 25.12.2013 auch absichtlich herbeigeführt. Absichtlich im Sinne des § 167 Abs. 1 Nr. 1 handelt nicht nur derjenige, der mit seinem Verhalten das primäre oder einzige Ziel verfolgt, den Gottesdienst in grober Weise zu stören, sondern auch derjenige, der mit seinem Verhalten primär ein anderes Ziel verfolgt, nämlich seine Meinung zur Haltung der katholischen Kirche zu Frauenrechten kund zu tun, allerdings zur Verwirklichung dieses primären Zieles, sozusagen als ‚Durchgangsziel', eine möglichst große Aufmerksamkeit durch eine möglichst große und grobe Störung eines bedeutenden Gottesdienstes zu erzielen beabsichtigt.

Die Angeklagte kann sich zur Rechtfertigung ihrer Protestaktion nicht mit Erfolg auf die Freiheit der Meinungsäußerung i.S.d. Art. 5 GG berufen. Bei § 167 StGB handelt es sich um ein allgemeines Gesetz i.S.d. Art. 5 II GG, das die Freiheit der Meinungsäußerung mit Rücksicht auf die berechtigten Interessen anderer einschränkt. Es soll hier auch nicht verkannt werden, dass § 167 StGB als ein das Grundrecht des Art. 5 GG einschränkendes Gesetz seinerseits im Lichte des Art. 5 GG möglichst grundrechtswahrend auszulegen ist. Andererseits ist gerade § 167 StGB ein Ausdruck der Ausübung der Religionsfreiheit, die ebenfalls in Art 4 GG grundrechtlich geschützt ist.

Eine Abwägung der Interessen derjenigen, die auf Art. 4 GG gestützt, ihre Religion ausüben wollen einerseits und andererseits der Interessen derjenigen, die gestützt auf Art. 5 GG für die Verwirklichung von

Frauenrechten demonstrieren wollen, führt hier sicher nicht dazu, dass der Sprung der nackten Angeklagten auf den Altar des Kölner Doms während der Weihnachtsmesse unter den o.a. Begleitumständen zur Wahrung der Freiheit der Meinungsäußerung unbedingt erforderlich und von Art. 5 GG grundrechtlich geschützt ist.

Zur Tatzeit war die Angeklagte 20 Jahre und 6 Monate alt und damit Heranwachsende im Sinne des § 1 Abs. 2 JGG. Durchgreifende Anhaltspunkte für die Anwendung von Jugendstrafrecht auf die Angeklagte gab es nicht.

Insbesondere gab es keine ausreichenden Anhaltspunkte dafür, dass die Angeklagte nach ihrer sittlichen und geistigen Entwicklung noch einem Jugendlichen gleichzustellen wäre. Das wäre dann anzunehmen, wenn es sich bei der Angeklagten zum Tatzeitpunkt um eine noch ungefestigte, in der Entwicklung stehende, noch prägbare Heranwachsende handelt, bei der Entwicklungskräfte noch in größerem Umfang wirksam sind. Häufig finden sich solche noch prägbaren und ungefestigten Heranwachsenden bei solchen Personen, die sich nicht altersgemäß entwickelt haben und die in der üblicherweise zu erwartenden Persönlichkeitsentwicklung zurückgeblieben sind.

Die Angeklagte ist in einem behüteten Elternhaus und einer intakten Familie mit weiteren Geschwistern aufgewachsen, hat die Schulausbildung ohne große Schwierigkeiten durchlaufen, kein Schuljahr wiederholt und trotz eines mindestens halbjährigen Auslandsaufenthalts das Abitur schon im Alter von 18 Jahren erworben. Auch sonst hat die Angeklagte nach eigenen Angaben in der Hauptverhandlung keine ‚weiteren Leichen im Keller' liegen. Es gibt keinerlei Anhaltspunkte für Entwicklungsverzögerungen der Angeklagten in ihrer schulischen Ausbildung oder sonstigen persönlichen Entwicklung. Angesichts ihres sicheren und eloquenten Auftretens in der Hauptverhandlung, des persönlichen Eindrucks aus der Hauptverhandlung und der von ihr geschilderten persönlichen Entwicklung, aber auch der Ansichten und Absichten der Angeklagten im Zusammenhang mit dem Einsatz für frauenpolitische Interessen hatte das Gericht zu keinem Zeitpunkt Anhaltspunkte dafür, dass es sich bei der Angeklagten um eine unreife oder ungefestigte Person handelt, bei der noch größere Entwicklungskräfte wirken. Die Angeklagte wirkt im Gegensatz dazu sehr selbstsicher, couragiert und selbstbestimmt.

Auch eine jugendtümliche Tat im Sinne des § 105 Abs. 1 Nr. 2 JGG war in der Aktion der Angeklagten am 25.12.2013 im Kölner Dom nicht zu sehen. Dies wäre dann anzunehmen, wenn sich aus dem Tatgeschehen Anhaltspunkte dafür ergeben würden, dass die eigentliche Tat auf jugendlichem Leichtsinn, auf Unüberlegtheit, sozialer Unreife oder einer bei Jugendlichen häufiger auftretenden Gruppendynamik beruhen würde. Keines dieser Merkmale trifft das Verhalten der Angeklagten. Die Angeklagte hat sich hier wohlüberlegt und zielgerichtet dazu entschlossen, in einer für viele befremdenden Art und Weise, aber für sie wohldurchdachten Weise diese Art von ‚topless-Protest' für Frauenrechte durchzuführen.

Bei der Strafzumessung nach Erwachsenenstrafrecht war zunächst von einem Strafrahmen von Freiheitsstrafen bis zu drei Jahren oder Geldstrafe auszugehen. Die Störung der Religionsausübung i.S.d. § 167 I Nr. 1 StGB ist also im Vergleich zu anderen Delikten vom Gesetzgeber eher mit einem moderaten Strafrahmen versehen worden.

Zugunsten der Angeklagten war zunächst ihr glaubhaftes und umfassendes Geständnis zu berücksichtigen, obwohl sie damit keine ausgesprochen schwierige und längere Beweisaufnahme erübrigt hat. Von der Tat der Angeklagten gibt es schließlich mehrere Videoaufnahmen, die zum Gegenstand der Hauptverhandlung gemacht hätten werden können. Die Angeklagte hat durch ihre Geständnis und im Anschluss daran auf Nachfragen des Gerichts ein Minimum an Verständnis für die Verletzung der religiösen Gefühle der anwesenden Gottesdienstbesucher durch ihre Aktion aufgebracht, allerdings hinzugefügt, dass sie eine solche Aktion in einer Kirche schon deshalb nicht erneut durchführen würde, weil die Wiederholung einer solchen Aktion langweilig wäre und eine Protestaktion gegen den Kölner Erzbischof Meisner nicht mehr erforderlich wäre, weil dieser sich nicht mehr im Amt befindet.

Zu Gunsten der Angeklagten wurde darüber hinaus berücksichtigt, dass die Angeklagte ihre Aktion im Kölner Dom nicht etwa aus finanziellen Interessen, sondern durchgeführt hat, um ihre politische Meinung zur Achtung der Frauenrechte durch die katholische Kirche zu äußern.

Zu Gunsten der Angeklagten wurde weiterhin berücksichtigt, dass sie bisher strafrechtlich überhaupt nicht in Erscheinung getreten ist.

Andererseits konnte nicht unberücksichtigt bleiben, dass die Angeklagte sich für ihre Aktion gerade den Weihnachtsgottesdienst und damit einen Gottesdienst an einem der höchsten religiösen Feiertage für Christen ausgesucht hat. Zusätzlich dürfte auch der Angeklagten bewusst gewesen sein, dass gerade dieser Gottesdienst auch im Hinblick auf den 80. Geburtstag des Erzbischofs an diesem Tag und im Hinblick auf das kurz bevorstehende Ausscheiden des Erzbischofs aus seinem Amt besonders stark besucht sein würde.

Unter Berücksichtigung aller für und gegen die Angeklagte sprechenden Umstände hielt das Gericht die Verhängung einer Geldstrafe i.H.v. 60 Tagessätzen gegen die Angeklagte für tat- und schuldangemessen. Angesichts der wirtschaftlichen Verhältnisse der Angeklagten erschien eine Bemessung des einzelnen Tagessatzes mit 20 € angemessen, zumal die BAFöG-Leistungen der Angeklagten nur teilweise berücksichtigt werden können. Sie werden etwa zur Hälfte als Darlehen gewährt und müssen zurückgezahlt werden. Die Kostenentscheidung folgt aus § 465 StPO." [Amtsgericht Köln | Urteil – 647 Ds 240/2014].

§ 167a Störung einer Bestattungsfeier

Wer eine Bestattungsfeier absichtlich oder wissentlich stört, wird mit Freiheitsstrafe bis zu drei Jahren oder mit Geldstrafe bestraft.

§ 168 Störung der Totenruhe

(1) Wer unbefugt aus dem Gewahrsam des Berechtigten den Körper oder Teile des Körpers eines verstorbenen Menschen, eine tote Leibesfrucht, Teile einer solchen oder die Asche eines verstorbenen Menschen wegnimmt oder wer daran beschimpfenden Unfug

verübt, wird mit Freiheitsstrafe bis zu drei Jahren oder mit Geldstrafe bestraft.

(2) Ebenso wird bestraft, wer eine Aufbahrungsstätte, Beisetzungsstätte oder öffentliche Totengedenkstätte zerstört oder beschädigt oder wer dort beschimpfenden Unfug verübt.

(3) Der Versuch ist strafbar.

Formales Recht:
Neben der Möglichkeit einer Strafanzeige gegen die Störung der Religionsausübung gibt es weiterhin eine zivilrechtliche Unterlassungsgklage gegen Religionen beleidigende oder sonstige schädigende Äußerungen oder Handlungen nach BGB, d.h. wegen der Verletzung von Persönlichkeitsrechten aus Art. 2 GG, die bei Nichtbeachtung der evt. Unterlassunsgverfügung des Gerichts die Zahlung von Schadensersatz durch den Schädiger zur Folge hat. Bei dieser zivilrechtlichen Klage muss ein Verschulden wie im Strafrecht nicht nachgewiesen werden. Die zivilrechtliche Klage greift weiter als das strafrechtliche Verfahren.

Rechtsgrundlage ist hier vor allem § 823 BGB:

§ 823 Schadensersatzpflicht

(1) Wer vorsätzlich oder fahrlässig das Leben, den Körper, die Gesundheit, die Freiheit, das Eigentum oder ein sonstiges Recht eines anderen widerrechtlich verletzt, ist dem anderen zum Ersatz des daraus entstehenden Schadens verpflichtet.

(2) Die gleiche Verpflichtung trifft denjenigen, welcher gegen ein den Schutz eines anderen bezweckendes Gesetz verstößt.

Folgendes muss dabei weiterhin beachtet werden – *Prüfschema*:

- Rechtsverletzung:
  Meine Persönlichkeitsrechte müssen verletzt sein, z.B. durch unwahre Tatsachenbehauptungen oder Schmähkritik und/oder durch wahre, aber rechtsverletztende Tatsachenbehauptungen.

- Wiederholungs- oder Erstbegehungsgefahr.

Hierzu muss eine konkrete Gefahr bestehen.

- Rechtswidrigkeit:
  Hier muss abgewogen werden, ob die Persönlichkeitsrechte des Betroffenen (Art. 2 GG) oder die Meinungsfreiheit aus Art. 5 überwiegt. Bei wahren Tatsachenbehauptungen überwiegt meist Art. 5 GG.
- Durchsetzung:
  Abmahnung (ggf. durch Rechtsanwalt, aber auch durch einen selbst) auf eine strafbewährte Unterlassunsgserklärung durch Schädiger;
  einstweilige Verfügung auf Unterlassung durchs Amtsgericht wegen Eilbedürftigkeit.

Rechtsprechung:
Das BVerfG stellt jedoch auch die Grenzen einer Unterlassunsgklage klar:
„(1) Zwar stellen die Gerichte zu Recht heraus, dass es für die Verbreitung unwahrer Tatsachenbehauptungen in der Regel keinen Rechtfertigungsgrund gibt [vgl. BVerfGE 61, 1 <8>; 99, 185 <197>], weshalb die Meinungsfreiheit bei der Äußerung bewusst unwahrer oder erwiesenermaßen falscher Tatsachenbehauptungen grundsätzlich hinter das Persönlichkeitsrecht zurücktritt [vgl. BVerfGE 85, 1 <17>]. Die Feststellungen des Landgerichts ergeben indes nicht, dass der Beschwerdeführer eine falsche Tatsache verbreitet hätte, sondern nur, dass er die Wahrheit seiner Behauptung nicht beweisen konnte (sog. non liquet).

(2) Für diesen Fall der Verbreitung von Tatsachenbehauptungen, deren Wahrheitsgehalt nicht festgestellt werden kann, kann das Grundrecht der Meinungsfreiheit einem generellen Vorrang des Persönlichkeitsrechts entgegenstehen. Die Rechtsprechung der Zivilgerichte stellt einen Ausgleich zwischen den Anforderungen der Meinungsfreiheit und den Belangen des Persönlichkeitsschutzes mittels der Prüfung her, ob die

Äußerung durch die Wahrnehmung berechtigter Interessen (§ 193 StGB) gerechtfertigt ist. Hiernach kann unter bestimmten Umständen auch eine möglicherweise unwahre Behauptung denjenigen, die sie aufstellen oder verbreiten, so lange nicht untersagt werden, wie sie im Vorfeld hinreichend sorgfältige Recherchen über den Wahrheitsgehalt angestellt haben [vgl. BGHZ 132, 13 <23 f.>; BGH, GRUR 2016, S. 532 <533 f.>; je m.w.N.]. Dabei dürfen die Fachgerichte einerseits im Interesse der Meinungsfreiheit keine Anforderungen an die Wahrheitspflicht stellen, die die Bereitschaft zum Gebrauch des Grundrechts herabsetzen [vgl. BVerfGE 54, 208 <219 f.>; 85, 1 <17>]. Andererseits haben sie zu berücksichtigen, dass die Wahrheitspflicht Ausdruck der aus dem allgemeinen Persönlichkeitsrecht folgenden Schutzpflicht ist [vgl. BVerfGE 99, 185 <198>; zu alldem BVerfGE 114, 339 <352 ff.>].

Je schwerwiegender die aufgestellte Behauptung in das Persönlichkeitsrecht der Betroffenen eingreift, desto höher sind die Anforderungen an die Erfüllung der Sorgfaltspflicht. Der Umfang der Sorgfaltspflichten richtet sich nach dem jeweiligen Einzelfall und den Aufklärungsmöglichkeiten der Äußernden und ist für Äußerungen der Presse strenger als für Äußerungen von Privatpersonen [vgl. BVerfGE 99, 185 <198>; 114, 339 <353>; BVerfG, Beschluss der 1. Kammer des Ersten Senats vom 25. Juni 2009 – 1 BvR 134/03 –, www.bverfg.de, Rn. 64; Beschluss der 1. Kammer des Ersten Senats vom 23. Februar 2000 – 1 BvR 456/95 –, www.bverfg.de, Rn. 30 ff.; BGH, ZUM 2010, S. 339 <340 f.>].

Im Fall äußerungsrechtlicher Unterlassungsbegehren kann die Wahrheitspflicht zudem über die Verpflichtung hinausgehen, alle Nachforschungsmöglichkeiten auszuschöpfen. Wird offenbar, dass die Wahrheit einer persönlichkeitsverletzenden Behauptung sich nicht erweisen lässt, ist es zuzumuten, auch nach Abschluss umfassender Recherchen kenntlich zu machen, wenn verbreitete Behauptungen durch das Ergebnis eigener Nachforschungen nicht gedeckt sind oder kontrovers beurteilt werden [vgl. BVerfGE 114, 339 <355 f.>].

(3) Diesen Maßgaben genügen die angegriffenen Entscheidungen nicht. Das Landgericht hat nach Feststellung der Nichterweislichkeit der Tatsachenbehauptungen des Beschwerdeführers keine weitere

Abwägung der konfligierenden Grundrechtspositionen vorgenommen. Auch die Ausführungen des Oberlandesgerichts zu § 193 StGB beschränken sich auf die Feststellung, dass das sogenannte ‚Laienprivileg' nicht zugunsten des Beschwerdeführers eingreife, ohne dass eine Abwägung in der Sache erkennbar wäre.

2. Die angegriffenen Entscheidungen beruhen zumindest teilweise auf dem festgestellten Grundrechtsverstoß. Für den Fall, dass der Beschwerdeführer – was zu ermitteln ist – seiner Recherchepflicht hinreichend nachgekommen ist, kann die Abwägung von Meinungsfreiheit und Persönlichkeitsrecht ergeben, dass der Beschwerdeführer seine Behauptungen in gewissem Umfang – möglicherweise mit präzisierenden Zusätzen – wird aufrechterhalten dürfen." [1 BvR 3388/14].

SUBSIDIARITÄTSPRINZIP

Ermächtigung:
Dieses Prinzip entstammt der katholischen Soziallehre, es bestimmt aber weitgehend das deutsche Sozialrecht. Es besagt, dass der private Träger vor Ort soziale Probleme lösen soll, nicht der ferne und abstrakte Staat. Der private Träger bedarf zwar einer staatlichen Erlaubnis, erhält dann aber staatliche Zuschüsse. Bei Vorliegen der Erlaubniskriterien besteht auch ein Rechts-Anspruch auf die Erlaubnis, wenn Bedarf besteht. So unterhalten die deutschen Kirchen zahlreiche soziale und Gesundheitseinrichtungen in ihrer Trägerschaft, gemeinnützige GmbH's, e.V.'s und dgl. Man denke nur an die Großorganisationen Caritas und Diakonie, die Kindergärten usw.

U.a. ist das im achten Sozialgesetzbuch für die Kinder- und Jugendhilfe geregelt:

§ 45 Erlaubnis für den Betrieb einer Einrichtung

„(1) Der Träger einer Einrichtung, in der Kinder oder Jugendliche ganztägig oder für einen Teil des Tages betreut werden oder Unterkunft erhalten, bedarf für den Betrieb der Einrichtung der Erlaubnis. Einer Erlaubnis bedarf nicht, wer
1. eine Jugendfreizeiteinrichtung, eine Jugendbildungseinrichtung, eine Jugendherberge oder ein Schullandheim betreibt,
2. ein Schülerheim betreibt, das landesgesetzlich der Schulaufsicht untersteht,
3. eine Einrichtung betreibt, die außerhalb der Jugendhilfe liegende Aufgaben für Kinder oder Jugendliche wahrnimmt, wenn für sie eine entsprechende gesetzliche Aufsicht besteht oder im Rahmen des Hotel- und Gaststättengewerbes der Aufnahme von Kindern oder Jugendlichen dient.

(2) Die Erlaubnis ist zu erteilen, wenn das Wohl der Kinder und Jugendlichen in der Einrichtung gewährleistet ist. Dies ist in der Regel anzunehmen, wenn
1. die dem Zweck und der Konzeption der Einrichtung entsprechenden räumlichen, fachlichen, wirtschaftlichen und personellen Voraussetzungen für den Betrieb erfüllt sind,

2. die gesellschaftliche und sprachliche Integration und ein gesundheitsförderliches Lebensumfeld in der Einrichtung unterstützt werden sowie die gesundheitliche Vorsorge und die medizinische Betreuung der Kinder und Jugendlichen nicht erschwert werden sowie
3. zur Sicherung der Rechte von Kindern und Jugendlichen in der Einrichtung geeignete Verfahren der Beteiligung sowie der Möglichkeit der Beschwerde in persönlichen Angelegenheiten Anwendung finden.

(3) Zur Prüfung der Voraussetzungen hat der Träger der Einrichtung mit dem Antrag
  1. die Konzeption der Einrichtung vorzulegen, die auch Auskunft über Maßnahmen zur Qualitätsentwicklung und -sicherung gibt, sowie
  2. im Hinblick auf die Eignung des Personals nachzuweisen, dass die Vorlage und Prüfung von aufgabenspezifischen Ausbildungsnachweisen sowie von Führungszeugnissen nach § 30 Absatz 5 und § 30a Absatz 1 des Bundeszentralregistergesetzes sichergestellt sind; Führungszeugnisse sind von dem Träger der Einrichtung in regelmäßigen Abständen erneut anzufordern und zu prüfen.

(4) Die Erlaubnis kann mit Nebenbestimmungen versehen werden. Zur Sicherung des Wohls der Kinder und der Jugendlichen können auch nachträgliche Auflagen erteilt werden.

(5) Besteht für eine erlaubnispflichtige Einrichtung eine Aufsicht nach anderen Rechtsvorschriften, so hat die zuständige Behörde ihr Tätigwerden zuvor mit der anderen Behörde abzustimmen. Sie hat den Träger der Einrichtung rechtzeitig auf weitergehende Anforderungen nach anderen Rechtsvorschriften hinzuweisen.

(6) Sind in einer Einrichtung Mängel festgestellt worden, so soll die zuständige Behörde zunächst den Träger der Einrichtung über die Möglichkeiten zur Beseitigung der Mängel beraten. Wenn sich die Beseitigung der Mängel auf Entgelte oder Vergütungen nach § 75 des Zwölften Buches auswirken kann, so ist der Träger der Sozialhilfe an der Beratung zu beteiligen, mit dem Vereinbarungen nach dieser Vorschrift bestehen. Werden festgestellte Mängel nicht behoben, so können dem Träger der Einrichtung Auflagen erteilt

werden, die zur Beseitigung einer eingetretenen oder Abwendung einer drohenden Beeinträchtigung oder Gefährdung des Wohls der Kinder oder Jugendlichen erforderlich sind. Wenn sich eine Auflage auf Entgelte oder Vergütungen nach § 75 des Zwölften Buches auswirkt, so entscheidet die zuständige Behörde nach Anhörung des Trägers der Sozialhilfe, mit dem Vereinbarungen nach dieser Vorschrift bestehen, über die Erteilung der Auflage. Die Auflage ist nach Möglichkeit in Übereinstimmung mit Vereinbarungen nach den §§ 75 bis 80 des Zwölften Buches auszugestalten.

(7) Die Erlaubnis ist zurückzunehmen oder zu widerrufen, wenn das Wohl der Kinder oder der Jugendlichen in der Einrichtung gefährdet und der Träger der Einrichtung nicht bereit oder nicht in der Lage ist, die Gefährdung abzuwenden. Widerspruch und Anfechtungsklage gegen die Rücknahme oder den Widerruf der Erlaubnis haben keine aufschiebende Wirkung."

Das Oberverwaltungsgericht NRW vertieft dies:

„Zwar wird eine Betriebserlaubnis nach § 45 Abs. 1 Satz 1 SGB VIII nicht ‚blanko' für einen abstrakten ‚Betrieb' erteilt. Sie konkretisiert vielmehr etwa in trägerschaftlicher, räumlicher und organisatorischer Hinsicht sowie in Bezug auf die ‚geeigneten Kräfte' (§ 45 Abs. 2 Satz 2 Nr. 1 SGB VIII), was im Einzelnen von dem generellen präventiven Verbot des Betriebs einer Einrichtung ausgenommen und damit erlaubt ist. Ändert sich der ursprünglich erlaubte Betrieb, ohne dass – wie hier – zugleich der rechtliche Regelungsgehalt der ursprünglich erteilten Betriebserlaubnis den geänderten tatsächlichen Umständen angepasst wird, stellt sich allenfalls die Frage, ob die ursprünglich erteilte Erlaubnis auch noch den geänderten Betrieb erfasst oder ob sie nunmehr gegenstandslos geworden ist und der geänderte Betrieb ohne die erforderliche Erlaubnis erfolgt. Die Beantwortung dieser Frage richtet sich danach, ob die Abweichungen des tatsächlichen Betriebes von dem rechtlich erlaubten Betrieb unter Berücksichtigung des Schutzzwecks der Erlaubnispflicht nach § 45 SGB VIII (Gewährleistung des Kindeswohls) so gravierend sind, dass der geänderte Betrieb gegenüber dem erlaubten Betrieb als ‚aliud' anzusehen ist, so dass sich die Frage der Erlaubnispflicht von neuem stellt. Ist – wie hier – im Rahmen einer Betriebserlaubnis für eine

Tageseinrichtung für Kinder die Anzahl der Kindergartengruppen konkret bestimmt, führt allein die Reduzierung der Gesamtzahl der Kindergartengruppen in dieser Einrichtung durch die schlichte Auflösung einer Kindergartengruppe nicht ohne weiteres dazu, dass sich nunmehr für den verbleibenden Betrieb die Erlaubnisfrage von neuem stellt. Dies kann allenfalls dann angenommen werden, wenn sich zugleich mit der Auflösung einer Kindergartengruppe wesentliche Änderungen in den erlaubnisrelevanten Prüfbereichen [wie etwa Trägerschaft, Personal (§ 45 Abs. 2 Satz 2 Nr. 1 SGB VIII), Räumlichkeiten, Organisation, Konzeption (§ 45 Abs. 2 Satz 3 SGB VIII), gesellschaftliche/sprachliche Integration (§ 45 Abs. 2 Satz 2 Nr. 2 Buchstabe a) SGB VIII), gesundheitliche Vorsorge und medizinische Betreuung (§ 45 Abs. 2 Satz 2 Nr. 2 Buchstabe b) SGB VIII)] ergeben, die ihrerseits noch nicht Prüfgegenstand im Rahmen einer die in Rede stehende Einrichtung betreffenden Erlaubniserteilung nach § 45 Abs. 1 Satz 1 SGB VIII gewesen sind. (...).“ [Vgl. OVG NRW, Beschluss vom 27. November 2006 – 12 A 4697/06].

ZEUGEN JEHOVAS

– KEINE ANERKENNUNG DER ZEUGEN JEHOVAS ALS KÖRPERSCHAFT DES ÖFFENTLICHEN RECHTS

„Das Bundesverwaltungsgericht hat in einem heute verkündeten Urteil entschieden, daß die Religionsgemeinschaft der Zeugen Jehovas keinen Anspruch darauf hat, vom Staat als Körperschaft des öffentlichen Rechts anerkannt zu werden.

Der Rechtsstatus einer Körperschaft des öffentlichen Rechts, der den christlichen Kirchen seit langem zukommt, kann nach dem Grundgesetz auch von anderen Religionsgemeinschaften beansprucht werden, sofern sie durch ihre Verfassung und die Zahl ihrer Mitglieder die Gewähr der Dauer bieten. Er ist mit Befugnissen verbunden, die sonst nur dem Staat selbst zustehen, wie etwa das Recht, Beamte zu haben, oder das Recht zur Erhebung von (Kirchen-)Steuern.

Die Klägerin, die aus der Religionsgemeinschaft der Zeugen Jehovas in der DDR hervorgegangen ist, hatte sich beim beklagten Land Berlin vergeblich um ihre Anerkennung als Körperschaft des öffentlichen Rechts bemüht. Während das Verwaltungsgericht und das Oberverwaltungsgericht ihr Begehren für begründet gehalten hatten, hat das Bundesverwaltungsgericht die Klage abgewiesen.

Zur Begründung seiner Entscheidung führt das Bundesverwaltungsgericht aus: Der Rechtsstatus einer Körperschaft des öffentlichen Rechts werde den Religionsgemeinschaften vom Staat in der Absicht angeboten, ihr Wirken zu fördern und mit ihnen zu ihrem Nutzen dauerhaft zusammenzuarbeiten. Eine solche Kooperation sei ohne ein Mindestmaß an gegenseitigem Respekt nicht vorstellbar. Ebenso wie der Staat sich mit der Anerkennung der Religionsgemeinschaften nicht in deren Angelegenheiten einmische, könne umgekehrt von der Religionsgemeinschaft, die mit ihrem Anerkennungsbegehren die Nähe zum Staat suche und dessen spezifische Gestaltungsformen und Machtmittel für ihre Zwecke in Anspruch nehmen wolle, erwartet werden, daß sie die Grundlagen der staatlichen Existenz nicht prinzipiell in Frage stelle.

Die Zeugen Jehovas seien zwar dem Staat gegenüber nicht negativ, sondern grundsätzlich positiv eingestellt, lehnten aber aus religiösen Gründen die Teilnahme an den staatlichen Wahlen ab. Mit diesem für alle Mitglieder geltenden Verbot der Wahlteilnahme setze sich die Religionsgemeinschaft in Widerspruch zu dem für die staatliche Ordnung im Bund und in den Ländern konstitutiven Demokratieprinzip. Denn die für das staatliche Handeln benötigte demokratische Legitimation werde dem Staat im System der repräsentativ-parlamentarischen Demokratie vor allem durch die Wahlen zum Parlament vermittelt. Diese nicht nur staatspolitisch, sondern zugleich auch verfassungsrechtlich zentrale Bedeutung der Parlamentswahlen werde von der Klägerin mißachtet. Da sie dem demokratisch verfaßten Staat nicht die für eine dauerhafte Zusammenarbeit unerläßliche Loyalität entgegenbringe, könne sie nicht verlangen, von ihm als Körperschaft des öffentlichen Rechts anerkannt zu werden." [BVerwG, Urteil vom 26. Juni 1997 – 7 C 11.96; Pressemitteilung der Pressestelle des BVerwG v. selben Tag].

ABKÜRZUNGEN

a.a.O.	am angegebenen Ort
Abg.	Abgeordneter
Abs.	Absatz
AGB	Allgemeine Geschäftsbedingungen
AGG	Allgemeines Gleichbehandlungsgesetz
Art.	Artikel
Aufl.	Auflage
AVR	Richtlinien für Arbeitsverträge in den Einrichtungen des Deutschen Caritasverbandes
BAFöG	Bundesausbildungsförderungsgesetz
BauGB	Baugesetzbuch
BGB	Bürgerliches Gesetzbuch
BGH	Bundesgerichtshof
BGHZ	Entscheidungen des Bundesgerichtshofs in Zivilsachen
BVerfG	Bundesverfassungsgericht
BVerfGE	Entscheidungen des Bundesverfassungsgerichts (amtliche Entscheidungssammlung)
BVerwG	Bundesverwaltungsgericht
bzgl.	bezüglich
bzw.	beziehungsweise
Can.	Kanonisches Recht
CDU	Christlich Demokratische Union Deutschlands
CIC	Codex Iuris Canonici (Codex des Kanonischen Rechtes)
CSU	Christlich-Soziale Union in Bayern
d.	durch
d.h.	das heißt
DDR	Deutsche Demokratische Republik
dgl.	dergleichen
e.V.	eingetragener Verein
EG	Europäische Gemeinschaft
EKD	Evangelische Kirche Deutschlands
etc.	et cetera

EU	Europäische Union
EUR	Euro
evt.	eventuell
f.	folgende (Seite)
FDP	Freie Demokratische Partei
ff.	folgende (Seiten)
GG	Grundgesetz
ggf.	gegebenenfalls
GmbH	Gesellschaft mit beschränkter Haftung
GRUR	Grundsatzurteil
Herv.	Hervorhebung
i.H.v.	in Höhe von
i.S.d.	im Sinne des
i.V.m.	in Verbindung mit
IHK	Industrie- und Handelskammer
inkl.	inklusive
JGG	Jugendgerichtsgesetz
KABl.	Kirchliches Amtsblatt
KdöR	Körperschaft des öffentlichen Rechts
KiStG	Kirchensteuergesetz
LER	Lebensgestaltung-Ethik-Religionskunde
m.w.N.	mit weiteren Nachweisen
Mio.	Million(en)
Nr.	Nummer
NRW	Nordrhein-Westfalen
NVwZ	Neue Zeitschrift für Verwaltungsrecht
o.a.	oben aufgeführt
o.g.	oben genannt
OLG	Oberlandesgericht
OVG	Oberverwaltungsgericht
PDS	Partei des Demokratischen Sozialismus
Prof.	Professor
PSchG	Privatschulgesetz
RG	Religionsgemeinschaft
Rn.	Randnummer
Röm.	Römer
S.	Seite(n)

s.	siehe
SchulG NRW	Schulgesetz für das Land Nordrhein-Westfalen
SED	Sozialistische Einheitspartei Deutschlands
SGB	Sozialgesetzbuch
sog.	sogenannt
SPD	Sozialdemokratische Partei Deutschlands
StGB	Strafgesetzbuch
StPO	Strafprozessordnung
stRspr.	ständige Rechtsprechung
u.a.	und andere/unter anderem
USA	United States of America
usw.	und so weiter
v.	von, vom
Verf.	Verfasser
vgl.	vergleiche
VwGG.EKD	Verwaltungsgerichtsgesetz der EKD
WRV	Weimarer Reichsverfassung
z.B.	zum Beispiel
z.T.	zum Teil

Die Autoren

Jürgen Bellers ist em. Prof. für Internationale Politik an der Universität Siegen.
Markus Porsche-Ludwig, Politikwissenschaftler und Jurist, ist Prof. im Department of Public Administration und im International Master Program for Asia-Pacific Area Studies der National Dong Hwa University in Hualien, ROC Taiwan.

Von den Autoren erschienen zuletzt u.a. folgende Publikationen:

- In Herausgeberschaft (zus. m. W. Gieler): *Afrika, Du hast es besser: Religion, Ethnozentrismus, Kooperation lokal, Philosophie*, Nordhausen: Bautz, 2017.
- *Heilige in Politik und Öffentlichkeit*, Nordhausen: Bautz, 2017.
- *Theologie von einem alten Kinde*, Nordhausen: Bautz, 2017.
- *Warum Christen AfD wählen*, Nordhausen: Bautz, 2016.
- *Ein staatsfernes, freiheitliches Christentum, Die quellennah andere Geschichte des Katholizismus und US-Protestantismus, Eine historische und diskursive Untersuchung*, Nordhausen: Bautz, 2016.
- *Lexikon für Theologen und Nicht-Theologen, Von Augustinus + Hegel über die Kirchen + deren Geschichte bis zu den wichtigsten Grundbegriffen + anderen Religionen*, Nordhausen: Bautz, 2016.
- *Leib und/oder Seele, Philosophische Antworten auf die genetischen Scheinfragen*, Nordhausen: Bautz, 2016.
- *Maxima Moralia*, Nordhausen: Bautz, 2016.
- *Ungesetzliche versus gesetzliche Freiheiten – für die Offenheit von Heraklit bis Heidegger – gegen den Mief von Kant bis Habermas*, Nordhausen: Bautz, 2015.
- *Der Hohe Pontifex in Rom als Brückenbauer und die rechte sowie linke Seite des Herrn Aristoteles – Franziskus I., libertäre Theologie, P. 218, Entweltlichung und die Kirche als moralische Notbremse*, Nordhausen: Bautz, 2015.

- *Christliches und Antichristliches, Grundsätze – neue biblische Polit-Theologie – christliche Weltgeschichte – religiöse Geographie versus: Zeitgeist + „Modernisierung" der Kirchen*, Nordhausen: Bautz, 2015.
- *Die Geburt der Freiheit Europas im Geiste des Christentums. Ideengeschichte und Soziallehre der Kirchen, Ein libertäres Lehrbuch*, Nordhausen: Bautz, 2015.
- *Die Reise nach dem Ursprung des Seins: von der Umkehr der Dinge*, Nordhausen: Bautz, 2014.
- *Politik und Sittlichkeit, Über Aufstieg und Fall von Herrschern und Völkern durch Moral und Unmoral*, Nordhausen: Bautz, 2014.
- In Herausgeberschaft: *Was ist konservativ? Eine Spurensuche in Politik, Philosophie, Wissenschaft, Literatur*, Nordhausen: Bautz, 2013.
- In Herausgeberschaft (zus. m. W. Hinrichs): *Eduard Spranger. Verstehende Kulturphilosophie der Politik – Ökonomie – Pädagogik, Originaltexte und Interpretationen*, Nordhausen: Bautz, 2013.
- *Wie es in den 50ern wirklich war ... Nur Beschweigen der Nazi-Zeit? Antikommunismus? Kontinuität der Eliten? Geschichtswissenschaftliche Analysen anhand von Dokumenten*, Nordhausen: Bautz, 2013.
- In Herausgeberschaft: *Handbuch der Religionen der Welt*, Mit einem Geleitwort von Hans Küng, 2 Bde, Nordhausen: Bautz, 2012.
- *Weltgeschichte der Politik, Volk, Idee, Raum und Ruhm: Ein chronologisches Handbuch*, Berlin: Lit, 2011.
- In Herausgeberschaft: *Christenverfolgung in islamischen Ländern*, Berlin: Lit, 2011.
- *Gründung und Untergang von Staaten und Kulturen durch Mythen und deren Fehlen, Weltgeschichtliche Betrachtungen*, Nordhausen: Bautz, 2011.
- In Herausgeberschaft: *Schriftenreihe Konservativ*, Nordhausen: Bautz, 2010ff.
- *Homer oder Homunculus? Der Zerfall der abstrakten Moderne und die Heimkehr in den konkreten Mythos*, Nordhausen: Bautz, 2010.
- *Umdenken in der Politik, Grundzüge politischer Ethik*, Nordhausen: Bautz, 2010.
- *Achsenzeiten – Mythos und Zukunft der Geschichte*, Berlin: Lit, 2010.
- *Für eine alte/neue Politikwissenschaft und Politik, Ein Manifest*, Bonn: Scientia Bonnensis, 2009.